출퇴근
15분
철학

〈일러두기〉

– 잡지나 도서는 『 』로, 신문은 「 」로, 작품은 〈 〉로 표기한다.

– 원서명은 국내 출간된 도서는 그대로 살렸으며, 출간되지 않은 도서는 뜻을 살려 옮겼다.

일상에서 소통에 필요한 가벼운 철학을 만나다

출퇴근 15분 철학

오가와 히토시 지음 · 박재현 옮김

맥스media

출퇴근 15분 철학

차례

제2장 사랑을 철학한다

제3장 폭력과 권력을 철학한다

제4장 사회를 철학한다

출퇴근 15분 철학

제5장 행복을 철학한다

들어가는 글

커피를 한 손에 들고

여러분은 '철학 카페'에 관해 들어본 적이 있습니까? 마르크 소테Marc Sautet(1947~1988)라는 사람이 파리의 한 카페에서 시작한 것으로, 한 손에 커피 잔을 들고 유쾌하게 철학을 하는 이벤트입니다. 보통 철학이라고 하면 딱딱한 이미지가 먼저 떠오릅니다. 어두한 방에서 홀로 깊이 사색에 잠겨 있는 모습을 떠올리고는 합니다.

철학은 혼자서 사색할 수 있지만, 여러 사람의 의견을 들으며 대화를 나누고 함께 생각할 수도 있습니다. 여러 사람이 함께 생각의 길을 걸을 때 더 좋은 생각이 떠오르기도 합니다. 이것이 '철학 카페'의 발상입니다.

게다가 회사에서 열리는 회의와 달라서 긴장을 풀며 즐겁게 생각할 수 있습니다. 그런 것을 실현하려는 바람에서 시작된 작은 이벤트입니다. '철학 카페'는 일본에서도 꽤 널리 퍼져 전국

곳곳에서 열리고 있습니다. 대학이 주재하여 규모가 제법 큰 것도 있지만, 몇몇 개인이 오붓하게 카페 같은 곳에 모이는 고즈넉한 것도 있습니다.

나는 상점가의 빈 점포를 이용하여 정기적으로 시민과 학생을 모아서 '철학 카페'를 열고 있습니다. 물론 일본 전역으로 불려 다니다 보니 어떠할 때는 영화관이나 외딴 섬에서 연 적도 있습니다.

이 책은 그런 '철학 카페'의 실록, 아니 정확히 말하자면 실록풍의 이야기입니다. 실제로 '철학 카페'에서 오간 대화를 그대로 실었다가는 두서없는 종잡을 수 없는 이야기가 되어버리기에, 이 책을 읽는 여러분의 편의를 생각하여 실제 열렸던 카페를 떠올리면서 재구성했습니다.

단, 논쟁 자체는 당시의 메모나 블로그에 올린 글을 토대로 전개했기에 열띤 대화를 생생하게 재현했다고 자부합니다. 물론 이 책의 주제 역시 철학 카페에서 실제로 다뤘던 것들입니다.

등장인물은 가공의 인물 6명으로 설정했지만, 실존 인물을 토대로 하였습니다. 사실 매회 15~20명 정도가 참가하지만, 독자 여러분이 더욱 쉽게 읽을 수 있도록 인원수를 대폭 줄였습니다.

나는 이 책에서 '선생'으로 등장합니다. 평소 논쟁이 벌어지면 조정 역할을 맡아서 퍼실리테이터Facilitator라고 하지만, 팬스레 표기가 길어져서 여기서는 '선생님'으로 통일하였습니다.

목차를 보면 알 수 있듯이 이 책에서 다루는 주제들은 우리가 살아가는 데 매우 중요한 것입니다. 여러분도 철학 카페에 참가했다는 기분으로 읽어주신다면 작으나마 안생을 살아가는 데 도움이 될 것으로 생각합니다. 따라서 '나라면 어떻게 생각하고, 어떻게 발언할 것'인지 의식하면서 읽어간다면 더욱 큰 재미를 맛볼 수 있을 것입니다.

자, 드디어 시작합니다!

오가와 히토시

* 철학 카페에 참가한 사람들

선생님	(남) 40세, 철학 카페를 주최하는 철학자
이치로	(남) 58세, 전자회사에 근무하는 회사원
와다	(여) 47세, 전업주부, 두 자녀를 둔 엄마
톰	(남) 32세, 중학교 영어교사
마를린	(여) 22세, 취업활동 중인 대학교 4학년생
모리시타	(남) 20세, 체육대학교 2학년생
나이토	(남) 17세, 고등학교 2학년생

제1장

인간관계를 철학한다

남녀는 구별해야 할까?

왜 타인과 다르면 미움을 살까?

괴롭힘은 없앨 수 있을까?

주제
01

남녀는 구별해야 할까?

남녀의 차이란?

선생님 첫 번째 주제는 '남녀는 구별해야만 하는가?' 입니다. 토론할 때 늘 그렇듯이 3가지 규칙을 지켜주시길 바랍니다. 첫째, 난해한 용어의 사용을 자제해 주십시오. 반드시 꼭 써야만 한다면 다른 사람들이 이해할 수 있도록 쉽게 설명해 주세요. 둘째, 전면적인 부정은 삼가세요. '전혀 아니다' 또는 '당신은 모른다' 라는 식으로 말하면, 계속해서 대화를 이끌어 나가기 어렵습니다. 셋째, 다른 사람의 이야기에 귀 기울여 주십시오. 어느 한 사람의 이야기가 상당히 길어진다면, 진행자 자격으로 제가 중단할 것입니다. 자, 이제 시작해 볼까요?

나이토 선생님, 그 전에 말씀드리고 싶은 게 있습니다.

선생님 뭐죠?

나이토 칠판이 몹시 신경에 거슬립니다.

선생님 아아, 오늘의 주제를 써놓은 이 칠판 말인가요?

나이토 어째서 '남자'라는 글자는 빨간색으로, '여자'라는 글자는 파란색으로 쓰신 건가요?

선생님 아, 눈치챘어요? 일부러 이렇게 썼습니다. 보통 남자는 파란색으로, 여자는 빨간색으로 표현하지요. 그런데 그것을 반대로 하면 왠지 위화감을 느끼는 사람이 있습니다. 그래서 왜 그런 반응을 보이는지 묻고 싶었습니다.

와다 고정관념이죠. 그렇게 은연중에 세뇌당해 온 거예요.

선생님 맞습니다. 남자든 여자든 다 같은 인간이니까, 특별히 파란색과 빨간색으로 구별할 필요가 없지요. 그러나 일단 구별하는 게 편하고 어느 순간 그것이 익숙해졌습니다. 그것에 관하여 좀 이야기를 나눠보고 싶습니다. 그래서 먼저 묻겠습니다. 여러분은 지금의 자신의 성별에 만족하고 있습니까? 남자는 남자로 태어나서 좋은지, 여자는 여자로 태어나서 좋은지 말입니다.

마릴린 저는 얼마 전 남자로 태어났더라면 좋겠다는 생각을 했습니다.

선생님 그래요? 무엇 때문에요?

마릴린 취업 활동이 너무 힘들어서요. 어렵사리 일자리를 찾아도 그리 만족스럽지 못합니다. 기술직이라서 원래 여자가 설 자리가 너무 좁아요.

와다 저도 예전에 일했을 때는 그런 생각을 한 적이 있습니다.

이치로 그건 아니죠. 남자도 괴롭다고요! 저는 오히려 여자로 태어났더라면 좋았을 거라는 생각을 해요. 아무리 열심히 일해도 통장 관리는 전부 아내가 하거든요.

마를린 그런 발상은 너무 이상해요. 남자는 일하고, 여자는 지갑을 관리한다니요?

선생님 그렇군요. 결국, 여기 우리 머릿속에 존재하는 남자와 여자의 모습에 차이가 있는 것 같습니다. 이치로 씨는 '남자는 밖에서 일하는 사람'이라고 정의하지만, 그것을 이해하지 못하는 사람이 있습니다. 그렇다면 다시 한번 물어보지요. 대체 남자는 어떤 존재일까요? 그리고 여자는 어떤 존재일까요?

나이토 여자는 아이를 낳고, 남자는 아이를 키웁니다.

마를린 나 몰라라 하는 남자도 많아요.

톰 남자는 역시 힘이죠. 여자는 아름다움이고요.

선생님 분명 그리스에서도 '여자의 자랑은 그 매력이고, 남자의 자랑은 그 힘이다'라는 격언이 있습니다.

모리시타 저도 남자는 힘이라고 생각합니다. 저는 육상을 하는데, 아무래도 남자와 여자가 신체적으로 차이가 있다는 점을 강조하고 싶습니다.

선생님 아무래도 생물학적 차이가 있는 것은 분명합니다. 그렇다면 차이가 있는 것은 어쩔 수 없다고 해도 어째서 남자와 여자는 서로 대립하는 것일까요?

마릴린 늘 대립하는 것은 아니지만, 제가 화나는 것은 남자가 그 차이를 이해하지 않는다는 점이에요. 취업 과정에서도 남녀 차이를 전혀 고려하지 않아 여자가 불리해요. 좀 전에 누가 언급했듯 출산 휴가를 받아야만 하니까요.

톰 맞아요. 서로 다르다는 것을 인정하지 않으면 '당신은 왜 같지 않은가'라고 생각하게 됩니다.

나이토 뒤집어 말하면, 왜 서로 끌리는지를 생각하면 되겠네요. 결국, 서로 끌리는 것은 자신에게 없는 것이 상대에게 있기 때문이겠죠? 아마 제 가슴이 크다면 여자의 가슴 따윈 신경도 쓰지 않았을 겁니다.

모리시타 스모 선수들은 어때요?

나이토 그건…… 질이 다르죠.

선생님 그것은 남녀가 서로 끌리는 가장 큰 이유일 것입니다. 고대 그리스의 철학자 플라톤Plato* 의 『향연』에는 안드로규노스androgynous, 남성과 여성이 한 몸으로 결합된 괴물라는 존재에 관

플라톤(Plato, 기원전 427~347년) | 고대 그리스의 철학자. 젊은 시절, 소크라테스를 만나 가르침을 받는다. 소크라테스의 '선하게 산다'는 이상을 증명하고 당시 소피스트들의 상대주의를 반박하려고 '이데아' 개념을 추구했다. 현실적인 세계에 대항하여 완전한 이상의 세계로서의 이데아 세계가 존재한다고 주장했다. 정치가를 목표로 한 적도 있어 철인 정치에 의한 이상적인 국가론을 주장했다. 저서로 『소크라테스의 변명』, 『향연』, 『국가』 등이 있다.

한 이야기가 나옵니다. 안드로규노스는 얼굴이 둘, 팔다리가 각각 4개씩으로 만능의 힘을 지니고 있습니다. 그러나 나쁜 짓만 일삼았기 때문에 신의 노여움을 사서 몸이 반으로 나뉘었지요. 그렇게 생긴 얼굴이 하나, 팔다리가 각각 2개씩인 안드로규노스의 반편이들이 다시 원래의 한 몸으로 돌아가려고 서로를 갈구하게 된 것이, 서로에게 끌리는 남녀의 시작이라고 할 수 있습니다.

이치로　서로 끌리는 것은 신체적으로 다르기 때문만은 아닙니다. 저는 집에 돌아가면 언제나 치유 받습니다. 이런 말을 하면 또 마를린 씨에게 혼날지도 모르지만, 남자와 여자는 마음의 종류도 다릅니다. 같은 친절이라도 남자의 그것과 여자의 그것은 다릅니다.

사회는 남녀 중 어느 쪽에 더 유리한가?

와다　그렇게 서로가 다르다는 것을 분명히 이해한다면 문제될 것은 없습니다. 그랬다면 이렇듯 한쪽에게 유리한 사회가 되지는 않았을 테니까요.

선생님　어느 쪽에 유리한 사회라고 생각합니까?

와다　단연코 남자에게 유리합니다.

모리시타　그런가요?

선생님　그렇다면 이어서 그 점에 관해 묻겠습니다. 사회는 남자와 여자 중 어느 쪽에 유리하게 되어 있을까요? 그 이유도 함께 말씀해 주세요.

와다 제가 말하고자 하는 것은 일하는 환경입니다. 출산 휴가나 육아 휴직이 있지만, 누구도 선뜻 휴가를 신청하지 못합니다. 아무리 쉬라고 해도 업무에서 뒤처질 것으로 생각하면 두려움에 선뜻 나서지 못합니다. 그만두는 수밖에 없어요.

톰 최근에 여러 복지제도가 마련되었지만, 여전히 결혼하려면 사표를 내라는 말을 듣습니다. 원래 남자의 육아 휴직이 화젯거리가 되어서는 안 됩니다. 그것이 당연한 사회가 되어야지요.

마를린 잔업 없이 출세할 수 없으니 압도적으로 여성에게 불리해요. 엄마라면 아무래도 집에 일찍 돌아가야만 하니까요.

모리시타 집안일도 남녀가 교대로 하면 되지 않을까요? 그러면 여성도 시간 외 일을 할 수 있을 텐데요.

나이토 시간 외 일을 권하는 사회 자체가 문제죠. 그것보다 저는 '생리 휴가'나 '여성 전용 차량' 같은 게 더 마음에 걸려요. 그건 오히려 역차별 아닌가요?

톰 남성 전용 차량도 있으면 좋겠어요. 만원 전철에서 치한으로 의심받아 일생을 망치는 사람도 있어요. 왜 여성들만 위하는 겁니까?

선생님 지금껏 피해자 대부분이 여성이기 때문이었지만, 이제 그것도 바뀔지 알 수 없습니다. 여하튼 여성 우대는 어디까지나 불리한 부분을 없애려고 노력하는 과정 중 하나입니다. 문제는 어째서 남성 우위의 사회가 되었는가 하는 것입니다.

이치로 역시 역사적인 것인 게 아닐까요?

와다 어느 시대까지 거슬러 올라가나요? 원시 시대?

이치로 원시시대까지 거슬러 올라갈지도 모릅니다. 원시사회란 약육강식의 세계이죠? 그렇다면 힘센 사람이 사냥감을 잡아 올 텐데, 상대적으로 남성이 그런 일을 했겠지요. 그래서 남성이 지배하는 사회가 되었을 겁니다.

마를린 그럼 지금도 원시사회와 다를 바 없다는 말인가요? 그거 너무 이상해요.

모리시타 문명사회인데 참 이상하네요.

남녀는 어디까지 구별해야 할까?

선생님 아마 머리로는 알고 있을 겁니다. 본능적인 것을 이성으로 누를 필요가 있습니다. 따라서 페미니즘 운동이 등장하고, 여성의 권리를 확대해야 한다고 호소하는 것이겠지요. 그렇다면 이즈음에서 핵심을 파헤쳐 볼까 하는데요, 남자와 여자는 대체 어디까지 구별할 수 있을까요?

와다 생물학적인 특성에 기인한 차이는 명확하게 구별해야만 하지 않을까요?

선생님 구체적으로는?

와다 목욕탕이나 화장실이 그래요. 신체적인 차이에 따라서 수치심을 느끼는 부분이 다를 테니까요.

선생님 그렇군요. 반대로 정조 관념은 몸의 생김새와는 상관없고 공통이니 구별할 필요가 없겠지요.

와다 네, 그렇지요.

나이토 얼굴은 어때요?

톰 여자의 얼굴과 남자의 얼굴은 그 의미가 다르지 않을까요?

선생님 얼굴을 다친 한 남성이 장애 인정 등급이 여성보다 낮다며 고소하여 승소한 판례가 있습니다.

톰 그래요? 그렇고 보면 최근에는 남성도 화장을 하지요.

모리시타 긴 머리도 흔하고, 이러다가 조만간 치마 같은 것을 입을지도 모르겠어요.

이치로 그렇다면 업무 내용은 어떤가요? 육체노동은요?

마릴린 4톤 트럭을 모는 여성 운전사도 있고, 사람에 따라서는 육체노동이 아무렇지도 않은 사람도 있습니다. 고정관념이라고 하죠, 그런 것을. 간호사가 적성인 남성도 있을 거예요.

선생님 젠더론이군요.

모리시타 젠더?

선생님 사회적 · 문화적으로 형성된 남녀의 차이를 젠더Gender라고 하고, 이것에 반하여 육체적인 차이를 섹스sex라고 말합니다.

마를린 맞아요. 남녀 차이는 대개 사회가 멋대로 만들어낸 거예요.

선생님 보부아르Simone de Beauvoir*라는 프랑스의 여성 작가는 『제2의 성』이라는 책에서 유명한 말을 남겼습니다. '사람은 여자로 태어나지 않는다, 여자로 길러진다'는…….

나이토 여자로 '길러진다'라기보다 여자로 '만들어진다'는 표현이 정확하지 않을까요?

선생님 남자들에 의해서 여자는 여자답기를 강요받는다는 의미입니다.

마를린 나이토 군, 제법 잘 알고 있네요.

나이토 예전부터 될 수 있는 대로 성에 의한 제약이 없는 사회가 바람직하다고 생각했거든요.

시몬느 드 보부아르(Simone de Beauvoir, 1908~1986년) | 프랑스의 여성작가 · 평론가. 사르트르와 나란히 실존주의를 대표하는 작가로서 활약했다. 특히 '사람은 여자로 태어나는 것이 아니라 여자로 길러진다'는 말로 유명한 『제2의 성』은 현대 페미니즘의 출발점 이기도 하다. 사르트르와는 반전운동 등 정치적 활동을 함께했을 뿐 아니라 평생 결혼이라는 형태를 취하지 않고 연인관계를 이어갔다. 저서로 『인간에 대하여』, 『레 망다랭』 등이 있다.

선생님 성차의 해소를 말하는군요. 남자도 여자도 아닌 자기 결정을 중시하는 사회요. 동성애자들을 보면 그게 좋을지 모르겠군요. 최근 성소수자에 대한 사회적 인식이 바뀌는 분위기인데요. 이에 따라 동성끼리의 결혼도 인정하는 국가가 하나둘 생겨나고 있습니다.

톰 누구를 좋아하든 각자의 마음이죠.

이치로 하지만 조금 자연스럽지는 않아요.

나이토 사랑하지도 않는 사람과 결혼해야 하는 게 더 자연스럽지 못해요.

선생님 그렇다면 '성정체성 장애'는 어떨까요? 역시 자연스럽지 못할까요?

모리시타 성정체성 장애?

선생님 성정체성 장애라는 것은 마음과 몸의 성이 일치하지 않는 병입니다. GID[Gender Identity Disorder, 성동일성 장애]라고도 합니다. 병이라고 해야 할지는 또 다른 문제이기는 하지만요.

톰 지금의 사회에서는 마음에 맞추든지 몸에 맞추든지 어느 한쪽을 선택해야만 하지요.

선생님 신문에 태국의 성전환에 관한 기사가 보도된 적이 있습니다. 그곳은 트랜스젠더를 위한 콘테스트가 번성하여 가벼운 마음으로 성전환 수술을 받는 사람이 많은 것 같더군요. 물론 성정체성 장애가 이유인 사람도 있지만,

불과 10퍼센트 정도라고 합니다.

와다 그럼 모두 어떤 이유로 성전환을 하는 걸까요?

선생님 놀랍게도 '패션 감각' 이나 '변신 원망' 이라고 합니다. 따라서 안이하게 수술하고는 고민하는 사람이 많다고 해요. 그러나 그것보다 더 큰 문제는 성전환을 한 사람이 법적으로 성별을 바꿀 수 없다는 사실입니다. 결국 성정체성 장애에 대한 사회 전체의 인식은 낮은 것이죠.

모리시타 헉, 어째서 그런 거예요?

선생님 성정체성 장애는 병이라는 인식이 있다면 좀 더 진지하게 대응했을 텐데, 태국에서는 이것을 단순히 '제3의 무엇' 으로밖에 보지 않습니다. 그래서 제3의 입장을 법적으로 인정하려고 하지 않는 것입니다.

톰 남자도 여자도 아닌 별난 사람이라는 건가요?

선생님 그런 셈이죠. 이래서는 언제까지고 성전환자는 남자도 여자도 될 수 없어요. 그리고 남자와 여자밖에 없다는 전제로 설계된 사회에서 그들은 살아갈 곳이 없습니다.

나이토 분명 우리나라는 아직 그 수가 적어요. 성정체성 장애를 알게 되는 시기가 중고등학교 때인데 그로 인해 당사자는 자살 혹은 자살 미수라는 현실과 마주합니다.

마를린 그런 사람이 얼마나 있어요?

선생님 정확한 통계는 없지만, 전국에 1만 명은 있다고 합니다.

마를린 그래요? 꽤 많군요. 그렇다면 학교나 사회가 좀 더 적극적으로 대책을 마련해야 합니다.

톰 이른 시기에 주위 사람들이 알아보고, 본인이 성을 선택하게 하고, 법률적으로 그것을 보장하면 문제를 해결할 수 있을 거예요.

제3의 성

선생님 그게 그리 간단하지만은 않습니다. '성분화질환性分化疾患'은 어찌해야 하는가 하는 문제가 남아 있거든요.

와다 성분화질환이란 무엇입니까?

선생님 말하자면, 양성구유兩性具有(=남녀추니)예요. 간성intersex이라고도 합니다. 선천적으로 남녀의 성기능을 모두 지니고 있습니다.

모리시타 아, 예전에 남아프리카 공화국의 여자 육상선수 세멘야Caster Semenya가 남자가 아닌가 하고 의심받았던 일이지요? 그래서 양성구유로 판명되었던 것으로 알려졌습니다.

선생님 그렇습니다. 성분화질환인 사람들은 현재 억지로 남자 혹은 여자 중에서 한쪽을 선택해야만 합니다. 부모가 강제적으로 어느 한쪽으로 수술시키는 사례도 있다고 들었습니다. 그런 아이가 가엽다는 생각은 들지 않나요?

나이토 저는 있는 그대로가 좋다고 생각합니다. 그저 양성구유인 채로 있어도 좋지 않아요?

선생님 그렇다면 사회가 '제3의 성'을 인정할 필요가 있습니다. 이건 어떻게 생각하십니까?

와다 왠지 사회가 혼란스러워질 것 같아 막연히 걱정도 됩니다.

선생님 분명 지금은 남자와 여자밖에 존재하지 않는다는 전제로 사회를 제도적으로 설계하고 있기 때문에 그런 우려도 충분히 이해할 수 있습니다. 그런데 와다 씨는 「디스트릭트 9District 9」라는 영화를 본 적이 있어요?

와다 아, 그거 봤어요. 에일리언 난민이 인간과 공생하는 내용을 담은 영화죠? 있을 수 없는 얘기지만요.

선생님 에일리언은 비현실적일지 모르지만, 외국에서 온 이민자나 로봇과의 공생이라면 있을 수 있지요? 그런 식이 된다면 어떨까요? 이 문제는 앞으로 더욱더 확대될 가능성이 있다고 봅니다.

톰 결국, 다양성을 존중하는 사회를 만들지 않으면 안 된다는 말씀인가요?

선생님 맞습니다. 개인적으로는 억지로 남자 혹은 여자 중 어느 한쪽을 선택해야 한다는 것은 사회에 의한 폭력이라고 생각합니다. 오히려 온갖 인간이 아니…, 온갖 존재자가 있는 그대로의 모습으로 살아갈 수 있는 사회를 만들어야 하지 않을까요?

이치로　그러나 여성의 존재도 제대로 인정받지 못하는 사회입니다. 하물며 제3의 성이 인정받을 리 있겠어요?

선생님　이것은 '다문화공생' 이론입니다. 캐나다에 찰스 테일러 Charles Margrave Taylor*라는 철학자가 있습니다. 그는 '승인'이라는 표현으로 차이를 존중하는 일이 얼마나 중요한지를 주장했습니다.

이치로　그거야 잘 알지만, 차이의 존중은 상당히 어려운 일입니다. 대체 어떻게 서로를 승인하라는 말인가요?

선생님　테일러는 '지평의 융합fusion of horizon'이라고 말하는데, 언제나 우위에 서 있는 사람이 같은 지평으로까지 내려가는 합의가 필요한 것입니다. 그리고 그 합의를 얻기 위해서는 기본적으로 같은 인간이나 생물이라는 인식의 확인이 필요할 것입니다.

와다　그러고 보면 「디스트릭트 9」라는 영화도 그랬어요. 주인공은 에일리언을 끔찍이 싫어하지만 아무 잘못도 없는 에일리언을 죽일 수 없다고 말합니다. 같은 생물이니까요.

찰스 테일러(Charles Margrave Taylor, 1931년~) ǀ 캐나다의 정치철학자. 정당의 당수로서 현실 정치에 적극적으로 참여했다. 공동체주의의 대표적인 논객으로서 원자론적인 개인주의를 비판하였다. 사회 전체와 관계를 가지는 개인주의로서 '전체론적 개인주의'를 주장했다. 캐나다의 프랑스어권인 퀘벡주의 독립이 문제가 되자 '다문화주의'를 주장했다. 서로의 문화를 상호 승인할 필요가 있다고 주장했다. 저서로 『철학론 문집』, 『「진짜」라는 윤리』 등이 있다.

선생님 남자와 여자, 그리고 성분화질환자는 똑같이 인간입니다. 좀 더 서로 존중해야 합니다.

톰 가능하다면 '남녀 차별'은 하지 말아야 하고요.

선생님 적어도 불합리한 차별은 없애려 노력하고 남녀는 이래야 한다는 단정도 필요 없을 것입니다. 그러면 남녀 중 어느 한쪽이어야 한다는 것도 없어질 테니까요. 중요한 것은 본인이 원하는 대로 자아실현 할 수 있는 사회를 만드는 것입니다. 자, 마칠 시간이 되었습니다. 늘 말하지만, 철학에 마지막 답은 없습니다. 늘 그때그때 최고의 답을 얻을 따름입니다. 오늘 토론을 계기로 여러분이 각자 인생을 살아가면서 종종 이 주제를 생각해 보세요.

주제 02

왜 타인과 다르면 미움을 살까?

미국에서 칭찬받는 일이 일본에서는 왜 비난받는 걸까?

선생님 이번에 탐색해 볼 주제는 '왜 타인과 다르면 미움을 받는가?' 하는 것입니다.

나이토 바로 제가 그렇습니다. 저는 자칭 오덕후일본어 오타쿠에서 파생된 말로, 마니아를 의미한다라서 반에서도 겉돌아요.

마를린 지금 저는 취업 활동 중인데요, 다들 점잖게 정장을 차려입고 얌전한 헤어스타일 일색이라 괜스레 기분이 나쁩니다. 특별히 그런 모습으로 일할 것도 아닌데 말이죠. 어째서 좀 더 자신의 개성을 뽐낼 수 없는 건가요?

이치로 그런 부분에서는 굳이 개성을 발휘하지 않아도 되거든요.

마를린 어째서요?

이치로　으-음 그건…….

선생님　그것은 일본의 경우 원칙적으로 모두 같아야 한다고 생각하고, 다른 것은 예외로써 용인하기 때문입니다. 그래서 웬만한 것 외에는 같지 않으면 이상하다고 생각하는 경향이 있지요.

톰　게다가 그것을 강요합니다. 동조 압력Peer pressure, 집단 안에서 집단의 기대에 개인을 맞추도록 강요하는 압박이지요.

와다　내가 이곳에 시집왔을 때도 그랬습니다. 이 지역의 풍습에 맞추지 않으면 따돌림을 당한다고 할까, 뒤에서 험담을 들어야 했어요. '저 집 며느리는 좀 이상해'라면서요.

모리시타　지금도 그런 일이 있을까요?

선생님　말은 그렇게 하지만, 모리시타 군이 다니는 학교에서도 그렇지 않나요?

모리시타　주목받아서는 안 돼요. 괴롭힘을 당하거든요.

나이토　학교 선생님이 화를 내기도 해요. 협조성이 없다면서요.

톰　미국에서는 개성인데 말이지요.

선생님　그렇습니다. 이건 지인의 이야기인데, 그 사람은 유소년기를 미국에서 보냈습니다. 미국에서 훌륭하다고 칭찬받았던 일이 일본에서 "이놈!" 하며 꾸지람을 듣는 원인이 되었다고 하더군요.

모리시타　어째서 그런 사회가 되었을까요?

이치로　그것은 말이죠. 일본의 경우 농업을 중심으로 한 무라

사회유력자를 중심으로 상하관계가 엄격히 유지되면서 타집단의 사람에게는 배타적인 촌락 형태의 사회 구조였기 때문에 어쩔 수 없는 부분이 있었을 테지요.

선생님 농업은 서로 도와야 할 필요가 있으니까요. 공동으로 저수지를 이용하는 등 공동성이 매우 중시됩니다.

마를린 결국 다른 사람과 다른 것을 하면 모두에게 폐를 끼치게 되는 거군요.

나이토 그게 상황에 따라 달라요. 공동성이 요구되는 상황과 개성이 요구되는 상황이 있지 않을까요?

선생님 예를 들면?

나이토 구체적인 예는 언뜻 생각나지 않지만요. 공동성이 요구되는 것은 모두에게 폐를 끼칠 때이고, 그 외에는 오히려 남과 다를 필요가 있지 않을까요.

선생님 같은 생각입니다. 회사 회의나 학교 수업 중에 손을 들고 자신의 의견을 말하는 것은 어떨까요?

이치로 일본 사회에서는 솔직히 그다지 환영받지 못합니다. 특히 사람들과 다른 의견을 말한다면요.

마를린 잠깐만요. 그럼 새로운 것은 나오지 않을 거예요. 다른 의견을 말해서는 안 된다니……, 그거 전체주의잖아요!

이치로 유감스럽지만, 회의는 다들 박수치며 환영받는 의견을 말하고 예정대로 집행되는 것이 바람직합니다.

나이토 그래서 일본 기업은 발전이 없는 거예요.

멸사봉공(滅私奉公)에서 활사개공(活私開公)으로

선생님 학교는 어떨까요?

모리시타 학교도 그래요. 수업 중에 손을 들고 의견을 말하는 사람은 정해져 있어요. 그 사람만 손을 들어요. 그래서 그 사람을 별난 사람으로 치부해요.

나이토 저도 그렇지만 무언가 질문하면 모두들 내키지 않는 얼굴을 합니다.

이치로 학교는 차임벨이 울리면 끝나지만, 회사는 그렇지 않으니까 모두들 시간이 지연되는 게 싫은 거예요. 다들 바쁘니까요.

마를린 그래서는 글로벌 시대의 경쟁에서 이길 수 없어요.

이치로 아니, 과거에는 어깨를 나란히 하고 걷는 일체감이 지배했어요. 모두가 단결하여 동일한 목표를 향해 노력했습니다. 그래서 자기중심적인 행위는 삼갔습니다. 일본의 고도 경제성장을 지지해 온 것은 바로 그런 일체감이었거든요.

마를린 하지만 지금 그것은 더 이상 통용되지 않아요. 점차 새로운 사고를 받아들이고 대책을 마련해야 합니다.

선생님 그야말로 멸사봉공滅私奉公, 공공의 목적을 위해 사적인 감정이나 이해관계를 포기한다에서 활사개공活私開公의 시대가 되었군요.

와다 멸사봉공이라는 말은 알겠는데, 활사개공은 무엇입니까?

선생님 공공 철학의 슬로건입니다. 지금은 자신을 죽이고 모두를 위해 힘 쏟는 것보다 자신을 살리고 그것을 토대로 세상을 좋게 만드는 것을 요구합니다.

모리시타 그렇다면 다른 의견을 말하거나 다른 행동을 취해도 좋은 거네요.

선생님 오히려 다른 의견이나 행동을 바라지요. 자신을 살린다는 것은 자신의 특성이나 능력을 살리는 것이고, 그러기 위해서는 남과 다른 무언가를 가져야 합니다.

와다 모모타로일본 전설의 대중적 영웅. 물에 떠내려오는 큰 복숭아에서 나온 남자아이가 자신을 키워준 부모에게 받은 수수경단을 가지고 귀신을 퇴치하기 위해 귀신 섬으로 가는 도중에 개, 원숭이, 꿩에게 음식을 나눠주고 그들의 도움을 받아 무사히 귀신을 퇴치하고 보물을 가지고 돌아와 행복하게 산다네요.

모리시타 그게 무슨 말이에요?

와다 개, 원숭이, 꿩은 각자 재능을 살려서 모모타로를 돕잖아요?

나이토 분명 개만 세 마리 있는 것보다는 훨씬 강할 거예요.

톰 같은 사람은 필요 없다는 말인가요?

이치로 그런 사회가 되면 저는 지금 당장 해고당할걸요.

선생님 이치로 씨는 충분히 개성이 강해요. 자신의 의견도 분명히 말씀하시고요.

이치로 하지만 제가 의견을 편하게 말할 수 있는 곳은 이곳뿐인걸요. 회사에서는 잠자코 있습니다. 튀어나온 못은 두

들겨 맞기 마련이니까요. 다들 평등주의자라서요.

마를린 나쁜 평등주의네요.

선생님 평등이란 무엇일까요?

모리시타 평등은 같다는 것을 말하지요? 나쁘거나 좋을 게 있습니까?

선생님 문제는 '절대적 평등'과 '상대적 평등'의 구분입니다. 무엇이 어떻든 형식적으로 같아야 한다는 것이 절대적 평등입니다. 반면, 다른 것은 다른 것으로써 동등하게 다뤄져야 한다는 것이 상대적 평등입니다. 예컨대 스포츠에서 남자와 여자는 생물학적 차이가 있기 때문에 동일한 기준으로 경기를 하지는 않지요? 남녀혼합으로 100미터 달리기를 하거나 복싱하는 것은 진정한 평등이 아닙니다.

모리시타 결국 인간은 모두 다르다는 것을 전제로 해야 한다는 말씀인가요?

와다 가네코 미스즈(金子みすゞ, 일본의 여류 시인)의 유명한 시 '모두 달라서 모두 좋다'처럼 말이지요.

'얼굴'이 중요합니까?

이치로 그야 인간은 모두 달라도 같은 인간이니까요. 바로 그 점이 어렵습니다. 같기에 조금 다르면 신경이 쓰이고 때로는 질투도 하는 거지요?

나이토 분명 동물을 질투하지는 않습니다. 기린의 스타일이 좋다고 하여 질투하는 여자는 들어본 적이 없거든요.

마를린 기린의 스타일이 좋다고는 생각하지 않지만, 무슨 말씀인지 알겠어요.

톰 외국인끼리도 전혀 다른 인종보다는 비슷하지만 조금 다른 인종의 사이가 나쁩니다.

선생님 인간은 모두 같은지 혹은 다른지, 이것은 분명 큰 문제입니다. 이치로 씨가 말씀하신 대로 적어도 두 가지 측면이 있습니다. 같은 부분에 대해서는 같아야 하고, 다른 부분에 대해서는 달라야 합니다. 그런 것이 아닐까 싶습니다. 따라서 어떠한 때에 같아야 하고, 어떠한 때에 다른 존재인지를 명확히 하면 될 것입니다.

와다 그런 이야기는 하지 않지요.

선생님 분명히 해두면 혼란은 없겠지요. 이런 경우에는 같아야 한다, 그리고 어떤 경우는 다르게 행동해야 한다는 식으로 합의할 수 있다면 옥신각신할 필요도 없습니다. 인간은 다른 부분이 있는 것이 분명한 사실이니까요.

톰 적어도 의견이라는 것은 자유롭게 말하지 않으면 안 됩니다. 같은 의견을 강요받거나 혹은 발언해서는 안 된다는 것은 전체주의입니다.

마를린 선생님, 역시 전체주의란 다른 의견을 허락하지 않는군요. 그렇게 되지 않으려면 어떻게 하는 게 좋을까요?

선생님 그를 위해서라도 한 사람, 한 사람의 의견을 소중히 생각할 필요가 있습니다. 나치의 전체주의로 강제수용소에 갇혀야 했던 레비나스Emmanuel Levinas*라는 철학자는 타인의 존재, 여하튼 '얼굴'이 중요하다고 말합니다. 얼굴은 각자 다르지요?

나이토 네. 각자가 다른 얼굴을 가지고 있는 만큼 서로의 다른 점을 존중해야지요.

톰 그거 미국의 이야기지요? 다른 일을 하면 칭찬받는 문화가 필요할지도 모르겠습니다.

선생님 그러기 위해서는 먼저 교육이 달라져야 합니다.

모리시타 그래도 지금까지의 교육으로 잘해왔어요.

이치로 지금까지는 그것으로 충분했으니까요. 모두가 공통의 목표를 향해 나아가는 것이 성공으로 이어졌거든요.

톰 태평양 전쟁 이후에 고도 경제성장기에 그랬어요.

모리시타 무엇이 달라진 것입니까?

에마뉘엘 레비나스(Emmanuel Levinas, 1906~1995년) | 프랑스의 유대계 철학자. 유대인으로서 강제수용소에 갇히지만, 기적적으로 살아 돌아온다. 유대교를 연구하면서 '타자'를 주제로 사색했다. 타자는 절대로 소유할 수 없는 존재로서 인식해야 한다고 말했다. 한 사람, 한 사람 다른 타자의 '얼굴'을 착안함으로써 타자에 대한 무한의 책임인 '비대칭의 윤리'를 이끌어냈다. 저서로 『전체성과 무한』, 『실존하는 실존자로』, 『존재의 저편으로』 등이 있다.

다 빈치와 기타노 다케시(北野武)의 공통점

선생님 사회가 성숙하면서 '반드시 이래야 한다'는 것이 사라졌기 때문입니다. 과거에는 같은 일을 잘해낼 수 있는 사람을 요구했지만 지금은 새로운 무언가를 발견해 내는 사람을 요구합니다.

나이토 독창성은 없지만 요령 좋은 관료 타입에서 온리원only one의 예술가 타입으로, 원하는 인재상이 바뀌었다고 말할 수 있겠군요.

선생님 르네상스가 바로 그랬습니다. 그 시기는 중세 기독교의 지배에서 벗어나 인간의 무한한 힘을 재인식하려고 했습니다. 인간은 모두 같지 않고, 개개인은 엄청난 일을 해낼 수 있는 개성과 능력을 갖춘 존엄한 존재라고요. 따라서 만능인이 이상적인 인물상으로 여겨졌습니다. 레오나르도 다 빈치Leonardo da Vinci나 미켈란젤로 부오나로티Michelangelo Buonarroti처럼 말입니다.

톰 다 빈치는 과학자이자 화가이자 건축가로, 여하튼 엄청 훌륭한 사람이지요.

와다 지금으로 말하자면, 멀티탤런트인 거죠. 기타노 다케시北野武, 일본의 전방위 예술가처럼 말이에요.

선생님 다케시 씨는 세계적인 영화감독이자 코미디언, 뉴스 캐스터이며 작가이기도 하니까요.

이치로 하지만 학교에서나 가정에서는 다케시 씨처럼 되라고 말하지 않지요.

톰 지금도 일류 대학을 나와 일류 회사에 들어가라고 합니다.

나이토 그런다고 행복해진다는 보장도 할 수 없는데 말입니다.

모리시타 하물며 독자적으로 활약하려고 회사를 뛰쳐나오거나 그 과정으로써 이직이라도 하면 한심한 사람으로 취급당합니다.

이치로 옛날에는 인내심이라고는 눈곱만큼도 모르는 놈이라고 손가락질 받았어요. 지금은 변하고 있지만요.

선생님 그렇지만 아직 제도 자체가 독자적인 경력을 쌓는다는 걸 전제로 하지 않아 불리합니다. 그것은 저도 직장을 두 번을 옮기고 현재의 일을 하기까지 온몸으로 겪어야 했습니다.

톰 의식을 바꾸기 위해서는 어릴 적부터의 교육이 중요합니다. 지금 우리 모두 깨닫기 시작했지만, 사실 일본은 속도가 느립니다.

선생님 네. 최근에야 글로벌 스탠다드Global Standard, 국가와 기업의 시스템이 세계적으로 통일된 기준에 맞춰지는 상황를 의식하기 시작했죠. 국제적 경쟁의 물결에 노출되고 기업의 영어 공용화나 초등학교에서의 영어 교육을 한 것도 그 때문입니다.

톰 영어 교사인 제가 말하기는 좀 뭣하지만, 영어는 물론 글로벌 스탠다드라는 것은 공통성보다는 개성을 키우는 데에 초점을 맞춰야합니다.

마를린 그런 의미에서는 학교에서도 남과 다른 행동을 하면 높이 평가해야 해요. 남들과 같다면 옳아도 고작 60점, 그 나머지는 얼마만큼 독창성이 있는지로 평가해야 해요.

이치로 회사에서는 브레인스토밍brainstorming, 어떤 테마에 대하여 회의 구성원이 자유로이 의견을 말하면서 새로운 발상을 찾아내는 방법을 하기도 하는데, 그런 것을 학교에서 해보면 좋을 것입니다. 타인의 아이디어를 부정하지 않는 태도가 브레인스토밍의 기본 규칙이니까요.

나이토 아마 학교에서 한다면 야유가 터져 나올 거예요. 일단 부정부터 하니까요. 어렵다거나 안 된다거나.

선생님 부정하지 않는 것이 매우 중요합니다. 그리고 가능한 자신의 의견을 발언해야 하지요. 물론 말하지 않더라도 머릿속에 많은 아이디어를 갖고 있다면 유리합니다. 그중에서 참신한 것을 골라서 앞으로도 더욱 열심히 말씀해 주세요. 자, 이것으로 오늘의 토론을 마치도록 하겠습니다. 앞으로 각자의 인생을 살아가는 가운데 좀 더 열심히 생각하세요. 철학 물음에 끝은 없으니까요.

주제 03

괴롭힘은 없앨 수 있을까?

괴롭힘은 나쁘다!?

선생님 이번에 우리가 이야기 나눌 주제는 '괴롭힘을 없앨 수 있는가?' 하는 것입니다. 먼저 말해 두면, 최근 20년간 일본에서 있었던 괴롭힘 사건에는 세 차례의 큰 고비가 있었습니다. 첫 번째 고비는 9명이 괴롭힘으로 인해 자살이라는 극단적인 선택을 했던 1985년 무렵, 두 번째 고비는 7명의 자살자가 나온 1994년 무렵, 그리고 세 번째 고비가 인터넷 괴롭힘이라는 새로운 현상이 화제가 되었던 2006년 이후입니다. 그리고 지금 우리는 세 번째 고비에 있습니다.

와다 최근에도 인터넷 괴롭힘이 신문 지면을 장식하고 있습니다.

선생님 인터넷 괴롭힘에 관해서는 나중에 다룰 예정입니다만, 인간은 왜 타인을 따돌리고 괴롭히는 걸까요?

모리시타 스트레스 때문이 아닐까요? 현대사회는 어른도 그렇지만 아이도 스트레스를 받고 있잖아요.

톰 현대사회에 한하지 않고 괴롭힘은 늘 존재했습니다.

마를린 인간의 약점이라는 말씀이에요?

선생님 타인을 괴롭히는 게 나쁘다는 것을 알면서도 자신도 모르는 사이에 괴롭힌다면 인간의 약점이라고 할 수 있겠네요. 그런데 어째서 괴롭히게 되는 것일까요?

이치로 인간의 본질이 아닐까요?

선생님 인간의 본질?

이치로 결국 약육강식인 거죠. 실제로 잡아먹는 것은 아니지만 생존을 위해 희생되는 사람이 필요한 것입니다.

나이토 그건 제물이 아닌가요?

선생님 제물이라는 말이 합당할지 모르겠군요. 괴롭힘의 대상은 누구라도 상관없습니다. 누군가가 희생양이 되면 좋은 거예요.

마를린 일단 괴롭힘을 당하는 사람에게는 나름의 이유가 있을 테지만요.

선생님 일리 있는 말씀이지만, 지금은 어느 날 돌연 이유도 없이 괴롭힘을 당하기도 합니다.

톰 그거야말로 제물이네요. 결국, 누군가가 희생되지 않으면 안심할 수 없다는 거니까요.

선생님 이는 몹시 불안한 환경이기도 합니다. 왜냐하면 언제 어떤 이유로 자신이 괴롭힘의 대상이 될지 모르기 때문입니다.

이치로 옛날에는 대개 괴롭힘 당하는 사람은 조용한 성격이라는 식으로 생각했기 때문에 안심할 수 있었습니다. '아마 나는 괜찮을 거야'라고요.

선생님 그런가요? 그렇다면 여러분에게 묻겠습니다. 어떤 특정한 사람이 혼자 괴롭힘을 당하고 있으니 자신을 포함한 다른 사람들은 안심하고 생활하는 환경이 과연 바람직할까요?

이치로 바람직할 리 없지요. 하지만 그저 어쩔 수 없다고 생각하겠지요. 세상은 그런 곳이니까요.

와다 저는 불쾌할 것 같아요. 괴롭힘을 당하는 아이는 분명히 있는데 자신만 안전하면 그만인가요.

마를린 저 역시 그렇습니다. 그래서 '당신은 무엇을 할 수 있느냐'고 묻는다면 글쎄요…….

선생님 바로 그 점입니다. 자, 어떻게 하면 좋을까요?

마이클 샌델 교수가 중시한 미덕이란?

나이토 사실 저는 중학교 시절에 괴롭힘당한 적이 있어요. 그때

딴 친구들은 남의 일인 양 태연히 지냈습니다. 교실에 아이들과 함께 있었지만 같은 반이라는 생각은 들지 않았어요.

선생님 그랬겠네요. 다소 과장되게 말하면, 인생에 있어 무엇을 중시하는가에 따라 답은 달라질 것입니다. 바꿔 말하면, '무엇이 정의인가' 하는 것입니다. 행복의 최대화에 가치를 두고 '공리주의'의 입장에서 보면 한 사람만 힘들고 나머지 사람들이 행복해질 수 있다면 좋은 거예요.

마를린 가여워라…….

선생님 그럼 그 사람이 기꺼이 희생하겠다고 한다면 어떨까요? 물론 진심으로요.

마를린 그거라면 이야기가 좀 달라집니다. 좋을 대로 해도 좋다는 거니까요.

선생님 그 발상은 '자유주의liberalism' 입니다. 개인의 자유를 중시하는 거예요. 개인의 자유가 보장되는 게 정의라고 생각합니다.

와다 저는 아무리 본인이 그렇게 말했다고 해도 싫습니다. 그런 모습은 보고 싶지 않아요. 아무리 생각해도 이상해요. 나이토 군이 말했듯이 한 반이라도 다들 남의 일처럼 생각했잖아요?

선생님 그렇게 생각하는 것이 '공동체주의communitarianism' 입니다. 공동체의 미덕을 중시하는 입장이죠. 친구가 괴로워하는 모습을 보고만 있을 수 없다는 이유에서 손 내밀 수 있는 유일한 입장입니다. NHK의 '하버드 특강-정의'로 화제가 되었던 마이클 샌델Michael J. Sandel* 교수의 생각이기도 합니다.

나이토 아, 알아요. 5명을 죽이기보다 1명만 죽이는 것이 옳은 근거가 무엇인지 물었던 사람이지요?

선생님 맞습니다. 그 비유로 화제가 되었어요. 행복의 양이 많아지는 것이 옳다고 생각하는 공리주의에서 보면 1명을 죽이는 것이 낫다는 거예요. 하지만 한 인간을 죽이는 것은 옳다고 할 수 없습니다. 또한 공동체주의의 입장에서 보면, 한 인간이라도 못 본 척 내버려 둬서는 안 된다는 것입니다.

톰 그건 역시 같은 인간이기 때문일까요?

선생님 궁극적으로는 그런 이야기입니다.

나이토 바로 그거예요. 괴롭힐 때는 그런 의식이 없습니다. 그들은 상대를 벌레쯤으로 여겨요.

톰 전쟁에서도 그렇습니다. 인간이라고 여긴다면 죽일 수

마이클 샌델(Michael J. Sandel, 1953년~) ı 미국의 정치철학자이자 하버드 대학 교수. 공동체주의의 입장에서 도덕적 논의를 벌일 필요성을 역설했다. NHK 〈하버드 특강-정의〉에 의해 일본에서는 일약 화제의 인물이 되었다. 1980년대에 자유주의를 비판하고 '자유주의와 공동체주의 논쟁'을 불러일으켰다. 최근에는 시장경제의 모순에 관심을 가지고 시장의 도덕에 관하여 연구하였다. 저서로 『정의의 한계』, 『정의란 무엇인가』, 『민주당의 불만』등이 있다.

없어요.

선생님 따라서 먼저 자신과 같은 인간이라고 인식하는 것이 중요합니다. 문제는 '그렇게 생각하기 위해서는 어떻게 하면 좋을까' 하는 것입니다. 평소에는 깨닫지 못하잖습니까?

이치로 상상력의 문제가 아닐까요? 요즘 아이들은 특히 상상력이 부족하잖아요.

톰 그렇지요? 특히 뉴스에서 아이들은 '일이 이렇게 될지 몰랐다' 고 말하잖아요. 상식적으로 생각해도 충분히 예견할 수 있었을 텐데 말입니다.

괴롭힘을 막는 방법

선생님 사고思考 없는 시대의 부산물입니다. 그런 의미에서도 철학은 반드시 필요합니다.

와다 좋은 말씀입니다. 전적으로 찬성합니다.

선생님 실제로 '괴롭힘학學' 을 제창하는 사람도 있는데, 여러분과 이 학문으로 무엇을 배우면 좋을지 생각해 보고 싶은데 어떠신가요?

나이토 자신이 당하기 싫은 일은 자신도 타인에게 해서는 안 된다고 가르쳐야 해요.

선생님 '타자위해의 원칙Harm Principle, 존 스튜어트 밀의 『자유론』에 나오는 한 원칙을 가리킴' 입니다. 이것은 인간이 공생하며 살아가는 데 최소한의 원칙입니다.

이치로 마음을 강하게 단련하는 건 어떨까요? 괴롭힘을 당해도 절대 주눅 들지 않게 강한 마음을 지니면 괴롭힘은 없어질 것입니다.

마를린 어떻게 단련하는데요?

나이토 시대착오적인 말씀이에요. 설마 온몸으로 폭포수라도 맞으라는 건 아니죠?

이치로 '아니'라고 말하거나 되갚아줄 용기와 힘을 가지자는 거예요.

톰 그러고 보니, 우리 학교에서도 괴롭힘당하던 아이가 한 번 불같이 화낸 적이 있었어요. 그 덕분에 그 아이는 괴롭힘에서 벗어났습니다.

이치로 상대가 가만히 있으면 재미를 느끼고 계속하게 되니까요.

모리시타 저는 지금의 평등 교육이 나쁘다고 생각합니다. 학교는 순위 같은 것은 매기려고 하지 않아요.

톰 그건 바람직한 일이 아닌가요?

모리시타 아닙니다. 그러면 공부든 운동이든 무엇을 잘하고 무엇을 못 하는지 알 수 없습니다. 그것이 그대로 상하 관계가 되어버리는 거예요. 결국, 공부도 운동도 못 하는 아이가 괴롭힘의 대상자가 되는 것입니다.

선생님 좋은 말씀입니다. 제가 아는 초등학교 교사는 학기를 마치면서 학생들에게 상장을 건넸습니다. A군은 '가장 열심히 청소한 상', B군은 '최고 친절상'……이런 식으로 학급의 모든 학생들을 '무언가의 최고'로 만들었습니다. 그러자 그 아이는 그 분야에서 인정받게 되지요.

모리시타 그거 꽤 좋은 방법이네요.

선생님 결국 '인정받는 것'이 중요합니다. 인간은 타인에게 인정받음으로써 자신감을 키우게 되고, 또 인정받은 인간을 상대로 괴롭히려는 마음이 생기지 않지요. 그것은 서로를 인정하는 '상호 인정'의 상태입니다.

마를린 존경이라는 말로 대신해도 좋을 것 같아요.

선생님 맞습니다. 존경입니다. 그 사람은 이 점에서만큼은 훌륭하다고 인식하게 되면 모든 문제가 해결됩니다. 어린 시절부터 무언가 특기를 만드는 것은 매우 중요합니다.

와다 뭔가 한 가지 정도는 있을 거예요. 특기라고 말할 정도는 아니라도 남보다 잘하는 것이요. 학급에서 최고라면 더할 나위 없겠어요.

모리시타 최고가 아니라도 괜찮아요. 예를 들어 공부의 경우 정원 40명인 반에서 5등 이내에 든다면 충분히 자랑할 만합니다.

선생님 사실 저도 담임을 맡은 적이 있습니다. 그때는 괴롭히는 일이 벌어지지 않도록 얌전한 아이를 주인공으로 만들었어요. 유감스럽게도 얌전한 아이가 괴롭힘당할 확률은 높으니까요.

모리시타 어떻게 주인공으로 만들었어요?

선생님 그 아이가 잘하는 것을 충분히 살릴 수 있는 이벤트를 열어주었습니다. 그러면 그 아이가 어떤 아이인지 이해할 수 있게 됩니다.

마를린 학교 선생님도 참 힘들군요. 모두가 선생님 같았으면 좋겠어요.

이치로 저는 좀 쉽게 생각했습니다. 괴롭힘 따위는 생각할 수 없을 만큼 바쁘게 만들면 될 거라고요. 친구를 괴롭히는 녀석들은 한가한 거예요. 인생을 불사르는 일이 있다면 그럴 여유 따윈 없죠. 야구에 빠지거나 음악에 심취하거나요.

선생님 동감입니다. 그러나 너무 심취하면 오히려 스트레스가 쌓이니 좋지 않습니다. 공부만 한다면 더욱 그렇지요.

인터넷 괴롭힘의 시대

나이토 인터넷 괴롭힘은 그런 녀석 중에 많아요.

선생님 마침 인터넷 괴롭힘이라는 말이 나왔으니 이참에 조금 생각해 보는 것은 어떨까요? 최근 사회적으로도 큰 문제가 되고 있으니 말입니다.

마를린　그건 악질적이에요. 자신이 누군지 드러나지 않잖아요.

선생님　인터넷 세계는 익명성이 있습니다. 하지만 범죄로 이어지는 때에는 조금만 조사해도 누군지 알아낼 수 있습니다.

나이토　게다가 접근성이 용이합니다. 손쉽지요. 실제로 상대의 실내화에 압정을 넣는 데는 용기가 필요하지만, 스마트폰을 손가락으로 터치하는 것은 이메일을 보내는 것과 다르지 않아 좀처럼 죄의식을 느끼지 않아요.

톰　놀이하는 감각인 거예요.

와다　그래서 점차 강도가 세지는 거고요.

나이토　좀 전에 선생님이 누구나 표적이 될 수 있다고 말씀하셨는데 그건 아마 놀이이기 때문일 거예요. 놀이에서는 기본적으로 누구든 술래가 되니까요.

선생님　순식간에 널리 확산하는 것도 인터넷의 특징입니다.

마를린　고등학생 시절에 있었던 일인데요. 전날까지만 해도 아무 일도 없었는데, 그날 밤에 일제히 어떤 메일이 돌았는지 다음 날 아침에는 누가 괴롭힘을 당하게 될지 알았어요.

와다　무섭네요.

선생님　인터넷 괴롭힘은 지금 말했듯이 여러 가지 특징을 가지고 있어서 몹시 까다롭습니다.

톰　새로운 기술이 등장하면 인간은 곧 그것을 나쁜 데 사용합니다. 무기처럼요. 슬픈 일이에요.

선생님 맞습니다. 인간의 머리는 사람을 괴롭히기 위해 있는 게 아닐 텐데 말입니다.

나이토 지금 무기라는 말이 나와서 하는 말인데, 머리야말로 양날의 칼인 것 같습니다. 남을 괴롭히는 것도 머리, 그것을 방지하는 것도 머리니까요.

선생님 그것을 이성이라고 말해도 되지 않을까요. 저는 이성의 힘을 믿습니다. 낙관적이라고 말하는 사람도 있을지 모르지만, 그것밖에 없는 것 같아요. 자, 이번 주제는 이즈음에서 마치겠습니다. 앞으로 여러분이 살아가는 가운데 이것에 관해 좀 더 생각해 봐 주십시오. 철학 문제에 끝은 없으니까요.

제2장

사랑을 철학한다

미스 유니버스는 정말 아름다운가?
연애와 사랑은 어떻게 다를까?
인간은 결혼을 해야만 할까?

주제 04

미스 유니버스는 정말 아름다운가?

미(美)란 무엇인가?

선생님 이번에 우리가 나눌 이야기의 주제는 '미스 유니버스는 정말 아름다운가?' 입니다.

모리시타 저도 그것이 이상했습니다. 왜냐하면 국가가 다르면 인종도 대개 다른데 동일한 기준으로 뽑으니까요.

와다 하지만 같은 인간이에요.

모리시타 그건 잘 알지만, 실제로는 꽤 다릅니다. 저는 일본인과 외모가 비슷한 중국인이나 한국인하고는 결혼할 수 있지만, 그 외에는 못 할 것 같아요. 아, 순전히 외모 이야기예요.

톰 저는 서양 사람이라 일단 백인의 아름다움에 관해서는 잘 압니다. 영어 교사이고 옛날부터 미국 영화를 자주 봐왔으니 익숙합니다.

선생님 익숙하기에 잘 안다니, 좀 이상합니다. 이번 주제를 설정한 것은 모리시타 군처럼 의문을 가지는 사람이 있을 것으로 생각했기 때문입니다. 또 예술이 그렇습니다. 과거에 굉장히 멋지다고 생각한 그림이 있었는데, 지인이 그 그림을 보더니 형편없다고 말하더군요. 피카소나 모네처럼 만인이 인정한 그림이었는데 어찌 된 것일까요?

이치로 선생님, 그건 피카소나 모네가 유명하기 때문이겠지요?

모리시타 분명히 말해 저는 피카소를 좋아하지 않지만, 모두 훌륭하다고 하니 저도 그렇다고 말해야 할 것 같아요.

선생님 그렇지요. 사실 아름다움에 공통 기준 같은 것은 없어서 어떤 권위 있는 사람이 아름답다고 하면 그것이 곧 아름다움이 되어버리니까요.

마를린 아름다움이란 좋은 거지요? 좋으면 되는 거 아니에요?

선생님 좋다는 것은 어떤 것일까요?

마를린 이상적이라고 할까…….

선생님 그것은 플라톤적입니다. 플라톤의 이데아설에 의하면, 선善이 미美입니다. 이때의 선은 이상입니다. 하물며 영원의 이상, 영원의 아름다움입니다.

나이토 그것은 완벽이라는 건가요?

선생님 나이토 군이 말한 '완벽'이란 구체적으로 어떤 상태를 가리키는 것입니까?

나이토 제가 수집하는 피규어에 빗대어 말하면, 비율이지요.

와다 피규어?

나이토 애니메이션의 주인공을 본떠 만든 인형이요.

마릴린 음탕한 오덕후님, 등장이요!

나이토 마릴린 씨, 그건 편견이에요. 피규어도 다양해요.

선생님 애니메이션 주인공들을 인형으로 만든 것으로, 균형 잡혀 있다는 말씀이죠. 그것은 토마스 아퀴나스Thomas Aquinas*가 말한 아름다움입니다. 완전성, 비례, 독보적이라는 요소를 꼽았습니다.

모리시타 정돈되어 있다는 것은 아름다움의 다른 표현입니다.

톰 하지만 비대칭인 것이 아름답게 보일 때도 있잖아요? 분재 같은 거요.

와다 그것도 철저한 계산에 의한 것입니다. 인간이 아름답다고 느끼도록 말입니다.

톰 분재라니까 생각났는데요. 색채 감각은 국가마다 다릅니다. 저는 의외로 일본의 세련된 느낌을 좋아합니다.

토마스 아퀴나스(Thomas Aquinas, 1225년경~1274년) | 중세 이탈리아의 철학자이자 신학자. '신앙'과 '지식'의 입장을 명확히 구별하는 동시에 양자를 유기적으로 결합시켜 '스콜라철학'을 완성했다. 그는 아라비아 세계를 통해서 11세기에 서양에 들어온 아리스토텔레스 철학과 기독교의 가르침을 조정한다는 어려운 문제와 정면으로 맞붙는다. 입장은 다르지만 아우구스티누스에서 이어진 '교부철학(교회의 정통성을 주장한 신학자들에 의한 철학)'에 큰 영향을 받는다. 저서로 『존재자와 본질에 대하여』, 『신학대전』 등이 있다.

특히 수묵화가 아름답습니다. 그런데 에스파냐의 회화나 색채는 황홀하지 않으세요? 놀랄 정도로 색의 3원색인 빨강, 파랑, 노랑이 마구잡이로 조합되어 있지요?

이치로 그래서 좀 더 감각적이에요.

칸트의 '취미 판단'

선생님 칸트Immanuel Kant* 가 말하는 미美는 분명히 그런 주관적 · 감성적인 것입니다. 근대가 되면 그런 사고방식이 주류를 이룹니다.

모리시타 그러면 미의 기준이 사람에 따라 제각기 달라지잖아요?

선생님 그러하기에 칸트는 타자와의 사이에 공유할 수 있는 미에 대하여 말했습니다. 그의 '취미 판단'이라는 것이 그것입니다. 결국 인간이 미라는 감각을 구성하는 것은 동일한 메커니즘에 의한 것이기에 비록 그것이 주관적이었다 해도 공유할 수 있는 가능성이 있다는 것입니다.

이마누엘 칸트(Immanuel Kant, 1724~1804년) | 근대 독일의 철학자. 경험론과 합리론이라는 2대 철학의 조류를 통합하여 '독일 관념론'의 기초를 구축했다. 칸트 윤리학이라고 불리는 엄격한 윤리학은 무조건 바르게 행동할 것을 요구하는 것으로, 현대 윤리학의 고전이다. 칸트는 국제연맹의 기초가 되는 『영원한 평화를 위하여』를 저술하는 등, 폭넓은 사색을 하였고 쾨니히스베르크라는 작은 마을에서 생애를 보냈다. 저서로 『순수 이성 비판』, 『실천 이성 비판』, 『판단력 비판』 등이 있다.

나이토 그렇다면 좀 전에 피규어를 나쁘게 말해서 상처 받았는데 사실 다들 이해줄 거라는 것인가요?

선생님 맞습니다. 취미는 개인적인 것이지만, 역시 타인에게도 인정받고 싶다는 기대가 있는 거지요. 따라서 칸트는 '취미 판단'이라고 말합니다.

나이토 내 친구들은 이해해 줄 게 분명해요.

선생님 칸트는 '공동체 감각'이라고 말하는데 동일한 공동체에는 그런 공통의 토대가 있습니다.

톰 그렇군요! 동일한 공동체에 있다면 감각도 같아지는군요.

와다 평소와 같은 잣대로 미를 판단한다는 말씀인가요?

톰 그런 것이겠죠. 어릴 적부터 같은 것을 아름답다고 가르치니까요.

와다 그렇다면 우선 가정이 미적 감각을 결정하겠네요.

선생님 과연 그렇겠군요. 어릴 적부터 부모에게 '○○야, 저거 참 아름답지 않니?'라는 말을 듣고, 그것이 하나하나 쌓여서 미의 감각을 구축하기 때문입니다.

톰 그러나 학교에 가고, 텔레비전을 보기 시작하면 아이는 스스로 기준을 만듭니다.

이치로 맞습니다. 요시나가 사유리吉永小百合, 일본의 여배우가 아름답다는 말을 들으면 모두들 그렇다고 생각합니다.

모리시타 요시나가요? 적어도 '국민 미소녀'라면 고토 구미코後藤

久美子 정도는 돼야지요.

마를린 구미코도 미소녀라고 하기엔 좀 나이가 있어요.

와다 시대에 따라 미인이라 불리는 사람의 타입이 다르다니 흥미롭네요. 같은 사람인데 말이지요. 저도 옛날에 태어났다면 상당한 미인이었다고 농담처럼 말하고 다니지만요.

이치로 옛날 미인이요? 웃어도 되죠?

와다 그럼요. 마음껏 웃으세요.

선생님 어째서 시대에 따라 미인의 기준의 달라지는 걸까요? 그것은 동일한 공동체라도 공유하는 시공간이 다르면 이미 다른 공동체이기 때문입니다. 물론 일본이라는 공통분모가 있지만요.

미의 기준은 확대된다

톰 지금 말씀은 결국 같은 공동체에서는 완전성을 재는 기준이 같아진다는 것이군요.

선생님 네. 그렇습니다.

톰 따라서 저는 미인에 백인도 들어갑니다. 유학도 했고 요즘 아름답다고 하는 백인을 볼 기회가 이곳에 계신 분들 중에 가장 많을 것입니다.

선생님 외국에서 살면 국제결혼을 할 기회도 많아집니다. 제 주위에도 많아요. 특히 오래도록 그 나라에서 생활해 온 사람이 그렇습니다.

마를린 옷 입는 취향도 그렇습니다. 제 친구 중에도 고교 시절 3년 동안 미국에서 생활한 사람이 있는데, 왠지 화장법이나 패션이 우리와는 미묘하게 달라요.

선생님 그 변화는 완전성을 구축하는 지표가 증가함으로써 만들어집니다. 결국 무엇이 완전한지를 판단할 때 그 폭이 넓어집니다.

톰 무슨 말씀인지 알 것 같습니다. 제가 백인을 언급했지만, 요즘 할리우드 영화에서는 흑인을 주인공으로 하는 예도 많습니다. 그렇게 점차 흑인의 아름다움도 알게 되지요. 예전에는 미처 몰랐지만 '저 사람이 이토록 아름다웠구나.' 하고요.

선생님 미美라는 것이 완전성이라고 한다면, 지표를 마련함으로써 객관적으로 판단할 수 있을 것입니다. 문제는 무엇이 완전한가에 관해 합의할 수 있어야 합니다.

나이토 톰 씨가 백인이나 흑인도 좋아졌다고 말한 것은 완전성의 수준이 낮아진 것을 의미하는 것일까요?

톰 어째서죠?

나이토 폭이 넓어지기 때문이지요. 스트라이크 존이 넓어진다는 얘기가 아닐까요?

톰 그런 말씀은 곤란해요. 그게 아니라, 미의 감각이 넓어진 거예요.

이치로 그렇게 말씀하셔도 서양인이 기모노를 보고 아름답다고 말하는 것과 일본인 자신이 말하는 것과는 그 의미가 다릅니다. 그 서양인의 미의 감각이 넓어진 것이 아니라 이질적인 것과 접했을 때의 충격과 비슷한 감각이 아닐까요?

톰 여하튼 감동받고 마음이 흔들리죠? 그것을 따로 구별할 필요가 있을까요?

선생님 같다고 보는 게 좋을 것 같은데요. 톰 씨의 예로 말하면, 오히려 기준이 추상화된다는 의미가 아닐까요? 예컨대 삼각형을 기준으로 할 때에 거기에는 정삼각형이나 이등변 삼각형이 들어갑니다. 거기에 사각형은 해당되지 않습니다. 그런데 기준을 추상화하면 사각형도 가능하지요.

나이토 그렇군요. 키 크고 콧대가 높다는 기준뿐이었다면 서양인밖에 선택받지 못했겠지만, 좀 더 광범위한 기준을 이용하면 전 세계인을 같은 무대 위에서 비교할 수 있겠네요.

선생님 일종의 기준의 추상화로 그 넓은 기준 가운데서 판단하는 것입니다.

미스 유니버스가 평화를 만든다

모리시타 인간이 폭넓은 기준을 이용한다는 것은 어떤 의미일까요? 그것은 다각형의 예와 달라서 키가 크다거나 콧대가 높다거나 하는 거예요. 기본적으로 콧대는 높은 게 좋다고요.

톰 인간이니까요. 신체적으로 뛰어난 것이 좋습니다. 팔다리는 길면 좋고, 육등신보다는 팔등신이 좋고, 콧대는 높은 것이 좋죠.

선생님 그렇다면 아무래도 서양인이 유리하기에 미스 유니버스는 가급적 다양한 지표로 종합적으로 판단합니다. 그것이 여기서 말하는 '기준의 추상화'입니다.

마릴린 맞습니다. 용모뿐만 아니라 실천하는 활동이나 지성, 마음가짐 같은 것도 추가됩니다.

선생님 미에는 내면도 포함됩니다.

톰 분명 성격이 좋으면 얼굴까지 예뻐 보이니 참 이상합니다.

마릴린 특히 최근 미스 유니버스는 그런 점을 중시하는 것 같아요.

모리시타 의외로 마릴린 씨는 많은 것을 알고 계시네요. 혹시 미스 유니버스에 도전하려는 건가요?

마릴린 취업 활동에 바빠서 그럴 겨를이 없어요. 영화에서 봤어요. 샌드라 불럭이 주인공으로 나오는 「미스 에이전트」

라는 영화를 아세요?

톰 네. 봤어요. 심사할 때 다들 '세계 평화를 위해서 나왔다'고 대답했어요. 그 부분이 풍자적으로 그려졌지요.

선생님 미스 유니버스는 결국 자본주의의 한 측면이다, 우생사상優生思想의 표현이다, 이런 식의 비난도 가능할 것입니다. 그러나 저는 전 세계인들이 인종 차를 극복하고 공통 합의에 이를 수 있다는 의미에서 인류에게 세계 평화를 위한 자신감이 되어줄 것이라고 믿습니다.

모리시타 확실히 후진국의 낯선 인종이 미스 유니버스로 뽑히면 조금 기쁩니다. 선생님이 말씀하셨듯이 인간이란 하나가 될 수 있을 것 같아요. 그야말로 세계 평화의 상징입니다.

나이토 그렇다고 해서 억지로 여러 나라의 사람들을 골고루 뽑는 것도 정치적이라 싫어요.

톰 아무렴 어때요. 좋잖아요. 일단 그 나라의 최고 미인들이 나올 테니 누가 미스 유니버스의 왕관을 차지해도 이상하지 않습니다. 처음에는 다소 어색하게 느껴지더라도 여러 번 보면 익숙해집니다.

선생님 그렇지요. 피카소의 입체파Cubism도 처음에는 추악하다는 혹평을 받았으니까요.

와다 미의 기준이 동일해지는 것이 우려되지만, 좋은 측면도 있어요.

선생님 그래요, 서로를 이해할 가능성을 열어 두는 것이죠. 자, 이번 주제에 대하여 이즈음에서 마치도록 하겠습니다. 앞으로 여러분은 각자 살아가는 가운데 계속 이 주제에 대하여 생각해 주십시오. 철학 물음에 끝은 없으니까요

주제 05

연애와 사랑은 어떻게 다를까?

연애란 무엇일까? 사랑이란 무엇일까?

선생님 이번에 우리가 이야기할 주제는 '연애와 사랑은 어떻게 다른가?' 입니다.

나이토 제게 딱 맞는 주제입니다.

와다 어머나, 나이토 군, 연애 중이었어요?

나이토 연애는 고등학생이 하는 거죠.

와다 아, 그래요?

모리시타 나이토 군은 오덕후가 아니었던가요?

나이토 오덕후도 연애 정도는 해요. 그렇죠, 이치로 씨?

이치로 잘 모르겠지만, 제 주변에도 중년 나이에 연애하는 사람이 있으니, 누구든 가능하지 않겠어요?

선생님 이치로 씨의 말씀으로는 나이 들면 연애는 안 된다는 식으로 들립니다.

이치로 중년쯤 되면 연애보다는 사랑이죠.

선생님 과연 그렇군요. 이치로 씨는 사랑과 연애를 구별하시는군요.

이치로 명확하지는 않지만요.

선생님 그렇다면 먼저 연애가 무엇인지에 대하여 생각해 볼까요? 여러분은 연애에 대하여 어떤 이미지를 갖고 계십니까?

마를린 풋풋한 청춘이요.

모리시타 애절하고 괴로운 거요.

톰 역시 이뤄질 수 없다는 이미지가 강합니다.

선생님 이에 대하여 철학자는 아니지만 민속학자 오리쿠지 시노부折口信夫가 일본어의 '연심戀'은 '구걸한다'는 말에서 유래했다고 했습니다. 죽은 자의 영혼을 다시 불러온다는 의미입니다. 그러나 그것은 있을 수 없는 일입니다. 그래서 연애라는 것은 본디 이뤄질 수 없는 것인지 모릅니다.

나이토 일시적인 것이지, 영속적인 것은 아니라는 말씀인가요? 왠지 쓸쓸해집니다.

마를린 하지만 그 허무함을 긍정적으로 받아들이는 모습이 오히려 아름다워요.

나이토 마를린 씨, 연애의 달인 같아요.

마릴린 경험이에요. 말로는 잘 표현할 수 없지만요.

와다 분명 남녀 간의 사랑이라는 것을 말로 설명할 수는 없습니다.

나이토 아, 그래서 이성과 사랑에 '빠진다'고 말하는 건가요? 자신도 모르는 사이에 갑자기 말이에요.

마릴린 큐피드가 화살을 쏘면 사랑에 빠진다고 비유하죠. 그 말이 딱 맞아요.

모리시타 그래서 상사병이라는 병에 걸립니다. 의학으로는 고칠 수 없어요.

선생님 슬로베니아의 철학자 슬라보예 지젝Slavoj Žižek* 은 사랑을 '마술'이라고 말합니다. 알 수 없기 때문이라는 의미일 것입니다. 따라서 모두들 고민합니다. 자신이 제어할 수 있는 것도 아니고요. 마음이 제멋대로 갈구하니까요.

나이토 욕구인 거죠.

선생님 그럼, 다음은 남녀 간의 사랑뿐 아니라 부모나 자식 간의 사랑, 나라 사랑, 이웃 사랑 등 보다 넓은 의미의 사랑에 대하여 생각해 볼까요? 이때의 사랑이란 무엇일까

슬라보예 지젝(Slavoj Žižek,1949년~) | 슬로베니아 출신의 철학자 · 정신분석가. 라캉파 정신분석학을 영화나 사회문제에 적용한 많은 저서가 있다. 또한 시사적인 발언도 많다. 정치사상적 입장으로서는 의회제 민주주의의 한계를 지적하고 공산주의에 가담한다. 난해한 사상을 유머러스한 어조로 이야기하는 점이 특징. 저서로 『이데올로기의 숭고한 대상』, 『당신의 징후를 즐겨라!』, 『포스트 모던의 공산주의』 등이 있다.

요?

나이토 부모와 사랑에 빠지다, 이웃 사랑에 빠지다…… 이런 식으로 말하지는 않아요.

모리시타 대개의 경우 사랑하는 '상태'에 주안점을 두고 있어요.

톰 연애라는 말은 느낌이 좋지만, 불륜은 왠지 꺼림칙해요.

이치로 저는 가족애가 떠오릅니다.

선생님 그 점이 남녀 간의 연심과는 크게 다른 것이 아닐까요.

모리시타 그런데 선생님, 우정도 사랑이지요?

선생님 좋은 지적입니다. 우정이란 동포애, 결국 친구에 대한 사랑입니다. 사실 이 우정을 포함하여 철학에서는 사랑을 세 가지로 나눕니다.

나이토 세 가지요?

철학에서 말하는 세 가지 사랑

선생님 네. 에로스, 필리아, 아가페의 세 가지입니다.

나이토 에로스라면 그 에로스요?

선생님 네. 하지만 아마 나이토 군이 생각하는 것과는 의미가 다를 것 같군요. 에로스라는 것은 앞에서도 이미 다룬 플라톤이 말한 사랑입니다. 괴물 안드로규노스가 반으로 갈려서 생긴 생명이 본래의 몸으로 돌아가려고 서로를 갈구한다는 이야기로, 이것이 서로 사랑하는 남녀의 시초라고 설명합니다. 이 사랑이 바로 에로스입니다.

마릴린 그 말씀은 에로스라는 것은 서로를 갈구하는 사랑으로, 결국 이뤄지지 않는다는 거예요?

선생님 그렇습니다.

톰 혹시 그것이 연애일까요?

선생님 맞습니다. 영원히 서로를 원하는 사랑이 연애입니다. 이것은 플라톤이 말한 사랑이라서 '플라토닉 러브'라고 합니다.

마릴린 플라토닉 러브가 그런 의미였다니……, 저는 순애純愛라고 생각했는데.

선생님 순애가 맞습니다. 영원히 서로를 원한다니 아름답지 않아요? 이것은 그의 '이데아설'에서 왔습니다. 이데아라는 것은 영원의 이상이니까요.

나이토 그래서 저는 애니메이션에 등장하는 여자가 좋아요.

마릴린 헉, 나이토 군의 연애란 것은 애니메이션에 등장하는 여자에게 느끼는 연애 감정이었던 거예요?

나이토 애니메이션에 등장하는 여자가 제 이상형이에요. 실제로 그런 여자는 없잖아요?

마릴린 하긴 눈도 엄청 크죠.

선생님 영원의 이상이라는 것은 분명 손에 넣을 수 없는 것이기에 정답일지도 모릅니다. 그런 의미에서는 자신이 가지지 못한 것을 가진 사람을 좋아하게 되는 것도 충분히 이해할 수 있습니다.

톰 안드로규노스? 그러나 얼굴 타입으로 말하면 뜻밖에 자신과 비슷한 사람을 좋아하기도 해요.

선생님 그것은 '자기애'의 측면으로 생각해 볼 수 있을 것 같습니다. 우리는 자신을 사랑할 수 없으니까요. 그래서 생떼를 쓰듯 영원히 가질 수 없는 것을 원하는 게 아닐까요?

마를린 나르시시즘이네요. 자기 자신을 사랑하는 거죠.

선생님 일반적으로 연애라는 것은, 자신을 상대보다 사랑하는 것이 아닐까요?

나이토 설마요. 동의할 수 없습니다.

선생님 하지만 연애를 하면 주위가 전혀 보이지 않지요? 그것은 자신이 손에 넣을 것밖에 생각하지 않기 때문입니다. 그것이 정도가 지나치면 스토커가 되기도 해요. 상대보다 자신을 더 생각하는 것이 에로스입니다.

모리시타 성욕이 에로스와 관계가 있다는 것도 어렴풋이 알겠네요. 성욕을 채운다는 것은 자신의 욕구를 채우는 거지요. 자기본위입니다.

선생님 그 말도 맞네요.

나이토 왠지 싫네요. 선생님, 이제 나머지 두 종류의 사랑에 대해서도 말씀해 주세요.

선생님 아, 그래요. 두 번째는 필리아입니다. 우애지요. 우정이라고 이해하는 사람도 있습니다. 친구에 대한 사랑으로, 이것은 아리스토텔레스Aristoteles* 가 말한 사랑입니다. 『니코마코스 윤리학』에서 그는 우정에 관하여 이야기합니다. 상대를 자신처럼 사랑하는 것이 필리아입니다.

모리시타 그러고 보면 '친구와 연인 중 어느 쪽이 중요한가?' 라는 질문도 전혀 터무니없는 게 아니네요. 전에는 서로 질이 다른 것을 비교할 수 없다고 생각했는데, 일단 양쪽 다 사랑이라는 것을 알았습니다.

와다 당신은 친구와 연인 중 어느 것을 선택할 건가요?

모리시타 저는 친구요.

와다 왜요?

모리시타 선생님의 설명에 의하면, 저는 자신보다도 타인을 생각하는 타입이거든요.

선생님 쉽게 말하면 자신을 사랑하는 만큼 타인을 생각하는 것이 필리아입니다. 자신보다 타인을 더 생각하는 것은 세 번째의 사랑, 아가페입니다.

톰 기독교에서 말하는 사랑입니다. 이래 봐도 저는 기독교

아리스토텔레스(Aristoteles, 기원전 384~322년) | 고대 그리스의 철학자. 플라톤의 제자였지만 그의 '이데이론'을 비판하고 독자적인 형이상학 체계를 완성함으로써 '만학의 시조'라고 불린다. 덕(德)이 과부족 없이 적절한 정도라는 의미를 가진 '중용(中庸)'의 개념을 말했다. 그런 의미에서 플라톤의 이상주의에 대하여 현실주의적이라고 말할 수 있다. 아테네 교외에 학원 뤼케이온을 설립하였고 저서로 『자연학』, 『정치학』, 『니코마코스 윤리학』 등이 있다.

신자거든요.

선생님 그랬군요.

톰 그리 독실한 신자가 아니라 아무도 알아주지 않지만요. 그래도 아가페는 철저히 실천하고 있습니다. 대가를 바라지 않는 사랑을요.

선생님 맞습니다. 아가페는 대가를 바라지 않는 사랑입니다. 자신보다도 상대를 생각합니다. 가족애가 그 전형입니다.

연애와 사랑의 큰 차이

이치로 그렇다면 보통 연애라 하면 에로스이고, 사랑이라는 것은 기본적으로 아가페인가요?

선생님 사랑은 넓은 개념입니다. 우리는 한데 뭉뚱그려 사랑이라 말하지만, 거기에는 이들 세 가지 사랑이 포함되어 있습니다.

이치로 그렇군요.

나이토 그건 그렇고, 우리는 어째서 연애를 하는 것일까요?

모리시타 그래서 마술인 거죠. 그렇죠? 선생님?

선생님 틀린 말은 아닙니다. 그런데 여러분은 어떠한 때에 연애합니까?

마를린 외로울 때요. 크리스마스를 함께 보낼 사람이 없으면 외롭잖아요.

선생님 어떤 의미에서 채워지지 않을 때이군요. 자신에게 없는 것을 갈구하는 것이 에로스입니다. 따라서 이론상으로는 모든 것을 갖추면 연애할 필요는 없습니다.

나이토 설마 그런 사람이 있을라고요.

선생님 옳은 말씀입니다. 결국 인간의 불완전함이 연애하도록 하는 것이 아닐까요?

나이토 말이 되네요. 그럼 달관하면 연애도 힘들지 않겠어요.

와다 굳이 말하자면, 나이가 들면서 남녀 간의 사랑 같은 것에 빠지지 않는 데는 그런 이유도 있겠네요.

이치로 게다가 연애는 에너지가 필요합니다. 무언가를 갈구한다는 것은 꽤 힘들어요. 그래도 청년 시절에는 필연적이라서 결혼도 하게 되는 것 같아요.

마를린 지금은 아내에게 필사적이지 않아요?

이치로 뭐 그럴 필요가 없으니까요.

마를린 그 말은 연애가 사랑이 되었고, 그 사랑이 식었다는 말인가요?

이치로 연애가 넓은 의미의 사랑이 된 것은 분명합니다. 그렇다고 그것이 식었다니, 조금 미안하지만 그럴지도 모르겠네요.

모리시타 연애는 뜨겁게 불타오르는데, 사랑은 식어간다는 말씀이에요?

선생님 연애는 불타오르기에 연애입니다. 그렇지 않은 상태는

'갈구한다'는 연애의 정의로 보더라도 모순입니다. 또 사랑은 식는다기보다 아가페를 보면 알 수 있듯이 본디 불타오르는 것이 아닙니다. 아마도 차분히 안정을 찾는 것이겠지요. 사랑이 식은 것이 아니라, 연애가 식는다고 말하는 게 옳겠지요. 그러나 가족으로서의 무조건적인 사랑이라는 측면은 남아 있지요?

이치로　물론입니다. 아내는 소중하니까요.

선생님　적어도 그것이 연애와 사랑의 차이군요. 빗대어 말하자면, 어느 쪽이든 서로를 생각하는 것처럼 보이는 연애는 사실 마침 두 사람이 같은 방향을 향하는 것이고, 사랑은 서로가 서로에게 향하는 것이 아닐까요.

와다　연애할 때부터 늘 함께하고 아무것도 변한 것이 없는 듯 보여도 사실은 큰 변화가 있습니다.

선생님　그러나 생각에 따라서는 다시 연애하는 것도 가능합니다.

나이토　간절히 바라면 되는 거죠?

마를린　그리고 상대에게도 갈구하게 만들 필요가 있어요.

선생님　맞습니다. 그러나 그러기 위해서는 노력이 필요하겠지요.

이치로　저는 노력 부족이라는 말씀이세요?

나이토　이치로 씨, 먼저 그 뱃살부터 빼는 게 좋겠어요. 호호.

이치로　나이토 군도 조만간 이렇게 될 겁니다.

선생님 그러면 이번 주제의 토론은 이즈음에서 마치도록 하겠습니다. 앞으로 여러분이 각자의 인생을 살아가면서 계속 생각해 보세요. 철학의 물음에 끝은 없을 테니 말입니다.

주제 06

인간은 결혼을 해야만 할까?

결혼은 새장!?

선생님 이번 우리가 이야기할 주제는 '인간은 결혼해야 하는가?' 입니다. 앞에서 연애와 사랑의 차이에 대하여 말했는데, 그 뒤를 이어서 나눌 적합한 주제가 아닐까 싶습니다.

마를린 앞에서 이치로 씨가 연애가 사랑이 되어 식었다는 말씀에 꽤 충격을 받았습니다.

와다 이치로 씨 너무해요. 아가씨의 꿈을 앗아가다니요.

이치로 하지만 현실이 그래요. 결혼은 무덤이라는 말도 있잖아요.

나이토 소박한 의문인데요, 그렇다면 어째서 결혼하는 걸까요? 솔직히 저는 결혼에 관심 없어요.

톰 한 가지 이유는 생물학적인 이유일 것입니다.

와다 종족 보존을 위해서요?

톰 네.

마를린 그렇다면 특별히 결혼까지 안 해도 되지 않을까요? 동물도 그렇잖아요?

톰 동물과 인간은 다르죠.

마를린 그럼, 좀 더 다른 이유를 말씀해보세요.

모리시타 사랑하니까요.

이치로 처음에는 그랬겠지요.

마를린 처음에만요?

이치로 물론 그런 생각으로 결혼하는 사람은 없을 거예요. 다들 영원한 사랑을 맹세하잖아요.

와다 늘 함께하려고 결혼하는 거죠.

선생님 앞에서 연애가 사랑으로 바뀐다고 말했는데, 갈구하는 에로스이기에 무조건적인 사랑인 아가페로 변하는 것입니다. 따라서 갈구하는 마음이 없어집니다. 다시 말해 갈구하는 것이 괴롭고 힘들기에 결혼하는 거지요.

톰 현실은 그렇지요. 연인일 때는 가슴이 콩닥콩닥 뛰고 설레는데 그런 상태가 일 년 내내 이어진다면 차분히 안정적으로 일할 수 없을 테니까요.

선생님 에로스가 아가페로 승화하는 것입니다.

와다 그건 갇히는 느낌이에요.

선생님 자주 새장을 예로 듭니다. 작은 새가 갖고 싶어서 새장에 가둡니다. 남자도 여자도 서로를 자신의 새장에 가두려고 합니다. 그렇게 각자의 새장에 넣어두고 안심하는 거지요. 그리고 최대한 사랑합니다. 이것이 무조건적인 사랑입니다. 그런데 문제는 상대가 새장 안에 있기에 안심하는 것입니다. 그러니 차츰 관심이 없어지는 거지요.

와다 좀 꺼림칙한 비유이지만, 알 것 같습니다.

마를린 새장에 있으면서도 계속 관심을 가질 수 있는 방법은 없는 걸까요?

선생님 있습니다. 그것은 새장에 구멍을 뚫어두는 거지요. 그러면 도망갈지도 모른다는 생각에 애정을 쏟게 됩니다.

와다 새장에 구멍을 뚫어둔다니, 구체적으로 어떻게 하면 좋을까요?

선생님 예컨대 구속하지 말고 때로는 서로 자유로이 나갈 수 있는 환경을 만드는 것입니다.

이치로 그렇게 새집에서 도망쳐 온 사람을 많이 봤어요.

나이토 구멍에서 도망쳐 나온 걸까요?

선생님 그렇게 되지 않도록 서로에게 매력적일 필요가 있습니다.

톰 맞습니다. 바로 그거에요. 우리도 조심하자구요.

레비-스트로스와 교차 결혼

나이토 결혼은 귀찮습니다. 가장 타산적인 관계로 생각되는데요. 결국 결혼은 계약이지요?

선생님 법률상으로는 그렇습니다. 따라서 재산 분배에 관하여 법률로 정해져 있습니다.

톰 미국은 그런 면에서는 정말 철두철미합니다. 결혼 전에 계약서를 교환하기도 하니까요.

와다 그 대신에 계약을 위반하면 즉시 이혼하지요?

톰 서로 열렬히 사랑하다가 이혼에 이르게 되면 한바탕 전쟁을 치뤄야 합니다. 지인 중에도 있는데, 철저하고 사무적으로 재산을 빼앗습니다. 그렇게까지 하면 과거의 아름다운 추억까지 나쁜 것으로 변질되어 버릴 것 같아 주저하게 되는데 말입니다.

모리시타 그렇다면 왜 결혼하는지 모르겠어요.

이치로 가족 제도라는 것도 있지만, 가계를 존속시키기 위해 결혼하여 아이를 낳는다는 사회적 측면도 있습니다.

나이토 그야말로 계약이네요. 게다가 그런 목적으로 결혼한 때에도 사랑은 있을까요?

이치로 옛날에는 정략적으로 혹은 맞선으로 부모가 정해준 상대와 결혼했습니다.

모리시타 헉, 비문화적입니다. 제가 그런 시대에 태어나지 않아 천만다행입니다.

선생님 그렇지도 않아요. 레비-스트로스Claude Levi Strauss*라는 문화인류학자가 알아낸 것인데 어느 미개사회에서는 강제적으로 모계 사촌에게 시집을 보내는 교차 결혼이라는 풍습이 있습니다. 얼핏 미개한 문명처럼 보이지만 이 풍습의 구조를 잘 분석해 보니 오히려 부족을 존속시키기 위한 고도의 지혜라는 사실이 밝혀졌습니다.

톰 저출산으로 고민하는 우리나라를 생각하면 어느 쪽이 진화된 것인지 알 수 없군요.

선생님 그렇습니다. 내친김에 말씀드리면, 이런 식의 관점을 '구조주의'라고 말합니다. 따라서 구조주의적으로 사례를 바라보면 의외로 이치로 씨의 말씀대로 결혼은 가계 존속, 결국 자신들의 뿌리 존속을 위해 필요한 것일지도 모릅니다.

와다 종의 보존이 아니라 뿌리 존속이라는 말씀이세요?

선생님 네. 달리 말하면, 아이덴티티를 유지하기 위해서입니다.

톰 그것과 별개로 결혼 제도는 서로 도우며 살아가기 위한

레비-스트로스(Claude Levi Strauss, 1908~2009년) | 프랑스의 문화인류학자. 원래는 철학 교수였으나 브라질에서 원주민 탐험을 계기로 문화인류학으로 전향하고 '구조주의'를 확장시켰다. 구조주의란 인간과 사물 등의 요소가 아니라 요소 간의 차이나 관계가 구조를 결정하는 중요한 역할을 맡는다고 생각하는 사고다. 미개지의 조사를 통해서 문명의 구조적인 이해나 관계성에 주목하고 근대 서양의 우위성을 뒤집었다. 신화 연구로도 유명하다. 저서로 『슬픈 열대』, 『야생의 사고』 등이 있다.

현실적인 이유도 있지 않을까요?

선생님 일본 사회에서는 아직 그 요소가 강합니다.

이치로 결혼하면 남편은 밖에서 돈을 벌어옵니다. 아내는 전업 주부로서 가정을 지킵니다.

마를린 싫어요. 그런 이유로 결혼하다니요.

선생님 그래서 미혼비율이 상승하고 있는 것이겠지요. 여성의 사회진출이 증가하였기 때문입니다. 그러니 굳이 결혼하지 않아도 되는 거지요.

톰 싱글 마더도 증가하고 있습니다. 결혼하지 않아도 아이를 갖는 풍조가 인정받고 있다는 증거입니다.

모리시타 그럼 더욱 결혼하지 않아도 된다고 생각하지 않을까요.

사회제도로 말한 헤겔

이치로 그러나 그것이 건전한 가족이라고 말할 수 있을까요?

마를린 무슨 말씀이에요?

이치로 1인 세대나 싱글 마더 세대만 있어도 될지 싶어서요.

나이토 그러면 노후에 분명 곤란할 것 같습니다.

모리시타 노후뿐 아니라 아이가 학교에 가는 시기에도 불편합니다. 도와줄 사람이 없으니까요.

선생님 단지 그것은 사회적인 문제입니다. 지금도 고령화로 이미 그렇게 되어가고 있지만, 대다수 독거노인이 생활에 불편을 느끼거나 싱글 마더가 자녀 양육에 불편을 느끼는 것은 복지를 비롯한 사회제도가 뒷받침하지 못하기 때문입니다. 사회의 현재 상황이 달라지면 그것에 맞춰서 제도를 바꿔갈 필요가 있는 거지요.

톰　지금 사회는 부부와 한 자녀로 구성된 가족을 전제로 하고 있으니까요.

와다　신세대와의 동거가 전제되고 있어 불편합니다. 핵가족이 증가하고 있는데 말이지요.

선생님　결혼을 생각할 때, 어떤 가족을 만들 것인지에 대해서도 생각해야 합니다. 결혼한다는 것은 가족을 만드는 일이기 때문입니다. 따라서 여기서 '가족이란 무엇인가'에 대해서 잠시 생각해 보고 싶습니다.

와다　친절과 엄격을 배우는 장소입니다. 제가 부모님에게 배운 것은 그 두 가지입니다.

선생님　헤겔Georg Wilhelm Friedrich Hegel* 이 그런 말을 했습니다. 가정은 자녀를 훌륭하게 시민사회의 구성원으로 키우는 장

헤겔(Georg Wilhelm Friedrich Hegel, 1770~1831년) | 근대 독일의 철학자. 철학 체계화를 계획하고 근대 철학을 완성하였다. 역사는 발전적으로 생성해 간다고 보는 '변증법' 개념이나 공동체의 유형에 따른 윤리가 있다고 하는 '인륜(人倫)'의 개념으로 유명하다. 젊은 시절에는 불우했지만 베를린대학교의 총장까지 오르고 프로이센의 국가 개혁에도 힘을 쏟았다. 최근 강의 필기록이 발견되면서 자유주의자로서 다시 평가받고 있다. 저서로 『정신현상학』, 『대윤리학』, 『법의 철학』 등이 있다.

소라고요. 따라서 교육을 중시했습니다.

마를린 헤겔은 로맨틱한 사람이 아니죠?

선생님 굳이 말하자면, 현실주의자입니다.

마를린 그러나 오직 아이를 위해 부부가 존재하는 것은 아니잖아요? 부부 관계에 대해서는 어떻게 말하고 있나요?

선생님 아이는 '걸쇠'라고 말합니다. 결국 부부는 아이를 통해서 사랑을 키운다는 것이지요.

톰 이해가 됩니다. 제게 가정은 재생산의 장소이니까요. 제게 일할 힘을 선사해 줍니다.

마를린 치유받는다는 말씀인가요?

톰 맞습니다. 아이의 얼굴을 보고 있자면 저절로 열심히 살자는 생각이 드니까요.

마를린 저는 연로하신 부모님을 보면서 열심히 살자고 생각합니다. 취업활동을 하는 시점에 주눅 들어서는 안 되니까요.

모리시타 분명 가족만큼은 든든한 내 편입니다. 절대적으로 신뢰할 수 있어요.

친밀권을 의식하라

나이토 훌륭하십니다. 저는 가족 같은 것은 일절 생각하지 않아요. 굳이 말하면, 싫어합니다.

모리시타 나이토 군은 반항기에요?

나이토 그게……, 솔직히 제가 학대를 받았어요.

마를린 또 충격 발언이군요!

나이토 진짜예요. 조금만 성적이 떨어지면 아버지한테 엄청 맞았어요. 초등학교 6학년까지요. 중학교 입학시험에 실패하고 정나미가 떨어졌는지 이후에는 포기하더라고요. 지금은 아예 말도 걸지 않아요.

모리시타 힘들었겠어요.

선생님 최근에는 가족이 제 기능을 다하지 못하는 사례가 부쩍 눈에 띕니다. 부부간의 가정 폭력, 아동 학대, 고령자 학대……. 본디 서로 도와야 하는데 상처를 주고받으니 이것이 문제입니다.

톰 그래서 오히려 위험합니다. 더는 도망갈 곳이 없으니까요.

선생님 동의합니다. 우리에게 본디 가족이란 마지막 보루입니다. 그 보루가 폭력의 온상이 되어버린다면 더 이상 갈 곳이 없지요. 그 배반의 대가는 큽니다.

나이토 그런 가정의 아이가 범죄를 저지른다는 사실은 잘 알려져 있습니다. 부모에 대한 복수일까요?

와다 부부 사이도 그래요. 서로 사랑해서 결혼했는데, 서로 미워하고 폭력을 휘두르는 거지요.

마를린 그런 이야기를 들으면 진짜로 결혼의 의미를 모르겠어요.

톰 따라서 그런 가족이 되지 않도록 해야 해요.

선생님 가족이 폭력의 대상이 되어버리는 것은 언제나 곁에 있기 때문입니다. 물리적인 폭력에 한하지 않고 언어폭력도 있을 것입니다. 그건 짜증이나 분노가 직접 부딪치기 때문입니다. 따라서 그것을 막기 위해서는 가족이라 해도 조금 거리를 두면 좋을 거예요. 왜냐하면, 타인에게는 간단히 주먹을 휘두르거나 폭언을 퍼붓지 않으니까요.

와다 서로 거리를 두는 가족이라니 뭔가 이상해요.

선생님 제가 하고자 하는 말은, 좀 더 배려해야 한다는 의미입니다. 친밀권親密圈에는 나름의 윤리와 공공성이 있습니다. 그것을 의식해야 합니다. 아무래도 일본 사회는 유교 사상의 영향이 강한 탓인지 그런 방면의 토론을 꺼리는 풍조가 있으니까요.

와다 무슨 말씀인지 알겠어요.

선생님 가족은 자신의 소유물이 아닙니다. 어린아이뿐 아니라 부부 사이에도 그 사실을 분명히 의식해야 합니다.

모리시타 가족이라는 이유만으로 뭐든 해도 되는 것은 아니니까요.

이치로 그런 문제들을 극복하면 진정한 가족이 될 수 있을 것입니다. 하긴 지금 시대는 다소 충격이 과한 측면이 있지만요.

선생님 그런 것 같습니다. 결혼해야 할지, 말아야 할지. 그것은 이후 어떤 가족을 만들려 하는지에 따라 달라질 것입니다. 여기까지 생각하면 결혼은 해야만 할 것 같습니다.

마를린 그 말씀을 들으니 결혼에 대해 더욱 미온적이 됩니다.

선생님 최근 높은 이혼율을 보더라도 결혼을 좀 더 신중하게 생각해야 할 것 같군요. 흔히 '결혼 전에는 눈을 크게 뜨고 상대를 보라, 그러나 결혼 후에는 눈을 반쯤 감고 보라'는 말을 하지요. 자, 이번 주제는 이즈음에서 마치겠습니다. 앞으로 여러분이 살아가면서 생각해 보시길 바랍니다. 철학 문제의 끝은 없으니까요.

제3장

폭력과 권력을 철학한다

폭력을 없앨 수 있는가?

왜 인간은 전쟁을 되풀이하는가?

권력은 나쁜가?

주제 07

폭력은 없앨 수 있는가?

폭력이란 무엇일까?

선생님 이번 주제는 '폭력은 없앴을 수 있는가?' 입니다. 먼저 묻겠습니다. 폭력을 휘두른 적이 있는 분? 아, 다들 손을 드셨는데 와다 씨는 들지 않으셨네요.

와다 폭력을 휘두른 적은 없지만, 상대방은 폭력이라고 말하더군요.

선생님 무슨 말씀이신지요?

와다 친구에게 어떤 말을 했는데 그것이 언어폭력이라며 상처받았다고 했어요. 전혀 그런 의도로 한 말이 아니었는데, 당황스러웠어요. 이게 폭력인가요?

선생님 폭력의 정의에 관한 문제군요. 여러분은 어떻게 생각하십니까? 본디 폭력이란 무엇일까요?

모리시타 저는 손으로 때리고 발로 차는 것이라고 생각했는데 여기에 언어도 들어가네요. 그렇다면 상대가 싫어하는 일을 하는 것을 폭력이라고 말할 수 있어요.

이치로 어떤 힘을 가하는 것이군요.

선생님 일반적으로 상대의 의사에 반하여 힘을 가하는 것이라고 말할 수 있습니다. 한나 아렌트Hannah Arendt* 도 그 같이 정의했습니다. 여기서 말하는 '힘'에는 좀 전에 말한 물리적인 것 외에 언어처럼 무형의 것까지도 포함합니다.

톰 그러나 뭐든 다 폭력이 되는 것은 아니죠? 예를 들어 2살 아이를 꾸짖는 것은 폭력이라고 생각하지 않죠. 따라서 정도도 관계가 있지 않을까요?

선생님 분명 가벼운 것까지 폭력이라고 하면 이 세상은 온통 폭력으로 난무하겠지요. 그러나 아이라서 괜찮다고는 할 수 없습니다. 뜻밖에 아이가 아파하기라도 한다면 그건 명백한 폭력입니다.

톰 그렇다면 상처 같은 게 남으면 폭력이라는 말씀인가요?

선생님 노르웨이의 정치학자 요한 갈퉁Johan Galtung은 다른 사람

한나 아렌트(Hannah Arendt, 1906~1975년) | 미국에서 활약한 여성 사상가. 독일에서 태어났지만 유대인으로 나치의 박해를 받아 망명할 수밖에 없었다. 하이데거나 야스퍼스에게 강한 영향을 받았다. 전체주의가 발생한 메커니즘을 분석하며 주목을 받았다. 또한 이름 없는 자들의 정치 활동을 의미하는 '활동'의 의의를 중시하고 선도적으로 공공성에 관한 토론을 개척했다. 저서로 『전체주의의 기원』, 『인간의 조건』, 『예루살렘의 아이히만』 등이 있다.

의 존재감을 저해하는 요소가 있을 때에 폭력이 인정된다고 말했습니다. 결국 지금 말한 상처에 한하지 않고 본래 있었던 것 혹은 본래 있어야 하는 기능이 저해되면 그것은 이미 폭력이라는 것입니다.

마릴린 선생님, 좀 전에 말씀하신 정의 중에서 마음에 걸리는 건 '상대의 의사에 반하여'라는 부분입니다. 그것은 마치 동의가 있다면 뭐든 용납이 된다는 것처럼 들리는데요.

와다 그런 것이 가정 폭력, 데이트 폭력을 낳는 거예요.

모리시타 괴롭힘도 동의가 있었다는 말인가요? 피해자는 단지 거부하지 못했을 뿐인걸요.

나이토 마조히스트masochist인 경우에는 어때요?

선생님 중요한 지적입니다. 형법에서 어느 정도는 규정하고 있습니다. 승인 살인은 물론 용납되지 않습니다. 격투기 같은 스포츠도 규칙에 따르는 한 문제 될 게 없습니다. 애매한 건 상해죄예요. 이것은 그 방법이 미풍양속에 거스르지 않고 결과도 심하지 않은 경우라면 위법성을 묻지 않습니다.

마릴린 결국 정도의 문제라는 말이군요.

선생님 그렇습니다. 동의가 있으면 폭력이라고 할 수 없습니다. 하지만 방식이나 정도가 심하면 폭력이 됩니다. 예컨대 체벌이나 훈육 같은 것은 어느 정도 동의가 있기에 가벼운 것이라면 용납되지요?

와다 훈육이 지나치면 학대가 됩니다.

선생님 그렇다면 권력은 어떻습니까? 그것은 폭력인가요?

이치로 경찰 권력은 폭력이 될 수 있습니다. 몸을 지키기 위해 서라지만 과도하게 폭행이 자행되는 사건이 간혹 문제 되기도 합니다.

선생님 하지만 보통 경찰을 두고 권력이라고 말하지는 않지요?

이치로 그야 그렇죠. 국가와의 계약이니까요. 아 참, 동의요.

왜 인간은 폭력을 휘두르는가?

모리시타 그런데 왜 인간은 폭력을 휘두르는 것일까요?

나이토 그거야 본능 아닐까요?

와다 이기주의에요. 지배하려는 마음이 있는 거지요. 인간은 자기중심적이라고 할까요.

선생님 유감스럽지만 모리스 메를로 퐁티Maurice Merleau-Ponty* 도 인간의 역사는 폭력의 역사라고 했습니다. 분명 원시시대부터 우리는 전쟁을 되풀이하며 지금에 이르렀으니까

모리스 메를로 퐁티(Merleau-Ponty, Maurice, 1908-1961년) ㅣ 프랑스 철학자. 후설의 현상학을 근간으로 '신체'를 처음으로 본격적인 철학의 주제로 삼았다. 비인칭적 행위로서의 '신체도식'이나 세계를 구성하는 '육체' 등 독특한 개념을 주장했다. 고등사범학교의 급우인 사르트르와 함께 「레탕모데른」이라는 잡지를 발행하고 저항 운동에 관여했지만 훗날 결별했다. 저서로는 『행동의 구조』, 『지각의 현상학』, 『보이는 것과 보이지 않는 것』 등이 있다.

요.

톰 폭력단이나 마피아도 어느 시대든 그리고 어느 나라에서든 존재했고요.

이치로 그러나 그것은 어떤 의미에서 어쩔 수 없다고 생각해요.

마릴린 어머, 아치로 씨 최악이군요. 폭력을 긍정하는 거예요?

이치로 잠깐만요. 그런 게 아니라 인간은 살기 위해 이를 위한 기술로서 폭력을 사용해 온 측면도 있다는 말을 하고 싶었을 뿐이에요. 약육강식의 세계이니까요, 어쩔 수 없는 거 아닙니까?

선생님 그런 의미에서는 본능 혹은 인간 사회의 본질이라고 할 수 있을지 모르겠군요.

와다 무슨 뜻이죠?

선생님 좀 전의 권력도 그렇습니다. 예컨대 경찰 권력이 없다면 세상의 질서가 무너져 혼란스러워집니다. 정부의 기능이 마비된 국가에서는 약탈이 횡행합니다. 그렇게 폭주가 시작되면 경찰조차도 그것을 멈추기 위해서는 어쩔 수 없이 폭력을 행사할 수밖에 없습니다. 시민이 한꺼번에 들고 일어서든가요.

톰 혁명이군요.

선생님 그렇습니다. 폭력을 멈추기 위해서 폭력을 행사할 수밖에 없습니다. 극단적인 예를 들면, 연애도 본질적으로 폭력이라고 말할 수 있습니다. 사람을 사랑한다는 것은 다른 누군가를 상처 주는 일이기도 하니까요.

마를린 연애라니 로맨틱한 예군요. 그런데 처음에 드신 예는 아무래도 마음에 걸립니다. 폭력을 멈추는 것은 폭력밖에 없다니요?

선생님 그런 경우도 있다는 얘기였습니다. 과거 이탈리아의 무솔리니는 '해방하는 폭력'과 '굴복시키는 폭력'이 있다고 말했습니다. 결국 자신들의 폭력은 선한 것이라고 말합니다.

마를린 선한 폭력이라니 이상해요. 정의의 편이 휘두르는 폭력은 선하다고 말하고 싶겠지만, 미국은 늘 그런 말을 하면서 전쟁하는걸요.

선생님 바로 그겁니다. 누가 선한 폭력이라고 판단하는가 하는 어려운 문제가 나옵니다. 그리고 적어도 그 답은 얻을 수 없습니다.

나이토 그러면 무저항이 옳다는 거지요.

간디의 비폭력은 옳은가?

선생님 간디가 그랬습니다. 그는 비폭력 · 불복종의 전략을 사용하면서 그것을 세계에 내보여 인도의 독립을 얻어냈습니다.

톰 하지만 암살당했잖아요? 게다가 저항하지 않는 것이 늘 옳다고는 할 수 없습니다.

선생님 유대인은 그렇게 죽임을 당했기에 이스라엘 사람들은 간디를 좋게 여기지 않습니다. 또한 분쟁 지역에 비무장으로 들어가 죽임을 당하는 간디주의가 문제시되기도 합니다.

와다 하지만 발상으로서는 이상적이에요.

선생님 이상적이기는 한데 현실에 늘 대응할 수 없다는 것이 문제입니다. 비폭력이라도 상대가 개의치 않는다면 아무것도 아니니까요. 일본도 평화주의를 채택하고 있지만 자위권은 인정하고 있습니다.

나이토 결국 비폭력도 전혀 도움이 안 되는군요.

모리시타 괴롭힘 당하는 아이도 한 번 용기 내어 맞서 대들면 괴롭힘 문제가 해결되기도 하지요.

마를린 그랬다가 오히려 보복당할지도 몰라요.

톰 증오의 연쇄예요. 전쟁처럼 끝나지 않죠. 이스라엘과 팔레스타인도 그렇게 보복을 반복하는 거잖아요.

이치로 어느 한쪽이 죽을 때까지 끝나지 않는다는 건 문제 해결이 될 수 없습니다.

모리시타 반대로 강한 힘으로 위협함으로써 폭력을 없애는 것은요?

마를린 핵 억제력 같은 거요?

모리시타 맞아요, 그런 거요.

선생님 그런데 핵 억제력 같은 것은 그 힘을 실제로 행사할 수 있으니까 의미가 있겠지요. 하지만 이미 그것은 폭력에 의한 폭력 억제가 되어버리는 게 아닐까요?

모리시타 아, 그렇군요. 무서운 조폭 두목이랑 다를 바 없겠네요.

선생님 그럼 어떻게 하면 폭력을 없앨 수 있을까요?

폭력을 없애는 방법

이치로 증오의 고리를 끊는 수밖에 없어요.

나이토 어떻게요?

이치로 용서하는 거죠.

나이토 그게 가능하면 힘들 게 없겠죠.

와다 좀 전에 '이기적'이라고 말했는데 반대로 '이타적'이 되면 되죠. 늘 상대를 이해하려고 노력하는 거예요.

선생님 이타적 정신의 함양이요? 그것도 한 방법이겠군요. 승려들은 화내지 말라고 하는데, 불교에서는 이타를 말하지요. 그런데 어떻게 하면 그렇게 될까요?

와다 그건 교육밖에 없습니다.

모리시타 흔히 남의 아픔을 이해하라고 교육시키죠. 저도 부모님에게 폭력은 안 된다고 배웠습니다. 그렇다면 반대로 폭력을 강제로 이해시키는 시스템이라면 어떨까요? 아픔을 알게 하는 학습이요.

나이토 아, 그거 좋네요. 평화 학습의 일환으로 히로시마의 평화기념관에 갔을 때 전쟁을 해서는 안 된다고 생각했거든요. 그런 거지요?

선생님 생명의 학습소중한 생명을 얻은 우리가 어떻게 살아가면 좋은지를 교육한다 같은 것인가요? 교육위원회와 학부모 교사 연합회가 승인하지 않을 텐데요.

모리시타 비현실적인가요?

선생님 철학적 사고로서는 좋지 않을까요. 거기서 현실적인 방법을 찾으면 됩니다. 지금 의견을 듣고 생각났는데요. 르네 지라르René Girard*가 폭력의 연쇄를 멈추려고 재미있는 사고법을 보여주었습니다.

나이토 어떤 사고법이에요?

선생님 희생양입니다.

모리시타 희생양?

선생님 소위 산 제물입니다. 결국 서로에게 중요한 것을 바쳐서 납득시키자는 거지요. 폭력과 같은 위기를 폭력 없이 주

르네 지라르(René Girard, 1923~2015년) | 프랑스 출신의 문학평론가. 미국으로 귀화하여 스탠포드대학교에서 불문학을 가르쳤다. 인간의 욕망과 폭력을 평생의 연구주제로 삼은 지라르는 프로이트의 정신 분석 이론의 영향을 받아 독자적인 모방(미메시스) 이론과 폭력 이론을 확립했다. 사회제도나 문화의 근저에는 희생양을 바침으로써 폭력을 회피하려는 메커니즘이 있다고 하는 '공양'의 개념으로 유명하다. 저서로 『욕망의 현상학』, 『폭력과 성스러움』 등이 있다.

고받는 것입니다.

마를린 예컨대 어떤 거예요?

선생님 왕이 딸을 제물을 바치거나 하는 거예요.

톰 30년간 독재했던 이집트 대통령의 사임 같은 거지요.

선생님 맞습니다. 이를 테면, 북한이란 국가를 뒤엎는 대신 지도자들에게 지위를 버리고 망명을 권유하는 거지요.

이치로 비현실적이기는 하지만 매우 흥미롭네요. 힌트가 될 것 같아요. 폭력 없이 폭력과 비슷한 위기를 안겨주면 된다는 말씀이군요.

마를린 지혜를 짜내면 폭력을 없앨 수도 있겠네요.

선생님 인간에겐 이성이 있습니다. 본능으로 폭력을 이용하는데 그것을 억제할 수 있는 것은 이성뿐입니다. 그리고 이성이란 '생각하는 것' 입니다. 우리가 본능이라고 믿는 것도 사실 사고정지에 빠진 것일 뿐으로, 폭력 이외의 방법으로 해결할줄 몰라서 입니다.

톰 하지만 선생님, 인간의 이성이 만능일까요?

선생님 참 좋은 질문입니다. 이성을 추구한 결과, 우리는 뭐든 합리적으로 생각하지만, 동질성을 강요해 때로는 비극도 낳습니다. 홀로코스트나치 독일이 저지른 유대인 학살가 그러했다고 지적하는 사람도 있습니다. 따라서 하버마스Jürgen Habermas*는 이성의 내용이 중요하다고 말합니다.

톰 이성에 종류가 있어요?

선생님 하버마스에 의하면, 근대 이전의 이성은 '도구적 이성'이라 합니다. 그러니까 우리가 추구해야 하는 것은 '의사소통 이성'이라고 합니다. 결국 자기 혼자 '이것'이라고 단정하고 그 목적을 달성하기 위해 이성을 사용하는 것이 아니라, 타자와 의견을 주고받으면서 올바른 것을 발견해 가는 이성입니다.

나이토 그렇군요. 그거라면 잘못도 얼마든지 바로잡을 수 있을 거예요.

선생님 폭력을 없애기 위해서는 서로가 대화를 나누는 것이 중요합니다. 오늘의 논의가 폭력을 없애기 위한 접근이었으면 좋겠습니다. 자, 이번 주제에 대한 토론은 이것으로 마치겠습니다. 이후 여러분이 살아가는 동안에 폭력을 없애는 방법에 대하여 끊임없이 생각해 보시길 바랍니다. 철학 문제에는 끝이 없으니까요.

위르겐 하버마스(Jürgen Habermas, 1929년~) | 독일의 철학자. 프랑크푸르트학파의 제2세대. 근대 '도구적 이성'을 비판하고 '의사소통 이성'을 제시했다. 이를 위한 토론의 중요성을 호소하고 스스로 적극적으로 논쟁을 벌였다. 또한 공공권으로서 시민사회의 존재에 착안하여 현대 공공철학의 토대를 구축한 인물이기도 하다. 저서로 『의사소통 행위 이론』, 『공공성의 구조 전환』, 『사실성과 타당성』 등이 있다.

주제 08

왜 인간은 전쟁을 되풀이하는가?

전쟁의 정의

선생님 이번에 우리가 토론할 주제는 '왜 인간은 전쟁을 반복하는가?' 입니다. 인류의 역사는 전쟁의 역사라고 해도 과언이 아닙니다.

톰 그러나 제2차 세계대전 이후에 전쟁을 멈추기 위하여 유엔(국제연합)이 구성되었습니다.

선생님 유엔은 전쟁을 없애기 위한 국제 기구입니다. 그런데 그 중심은 안전 보장 이사회로, 강대국의 이해관계가 충돌하는 곳입니다.

나이토 전후에 냉전이 있었고, 다시 분쟁이 일어나 지금은 테러의 시대이죠?

이치로 전쟁 중인 국가도 있고요. 이스라엘과 팔레스타인, 한국과 북한도 전쟁 중이지요?

모리시타 정말 의문이 들어요. 같은 인간인데, 왜요?

와다 인간끼리는 문제가 없어요.

마를린 맞아요. 전쟁이 벌어져도 개인끼리는 서로를 증오하는 관계가 아닙니다.

선생님 그것은 전쟁 영화에서도 자주 볼 수 있는 모습입니다.

나이토 그러나 인간에게는 전투 본능이 있습니다. 그것이 마음 속 깊이 있는 게 분명해요.

이치로 수술 같은 것으로 전투 본능을 제거하면 좋을 텐데 말입니다.

선생님 그것은 무리겠지요. 하지만 최소한 억제하는 일은 할 수 있을 것입니다. 단지 국가 차원이 되면 냉정하게 책략으로 싸우니까요. 그것은 전투 본능과 얼마나 관련성이 있을까요?

톰 결국 국가끼리의 다툼이 문제라는 말씀이군요.

선생님 네. 전쟁이라는 것은 '국가에 의한 폭력을 동반한 주장'이기 때문입니다.

이치로 이렇게 말하면, 또 한 소리 들을지도 모르겠네요. 전쟁 역시 정책입니다. 국가가 국익을 생각했을 때 다른 국가를 공격하기도 하니까요.

마를린 이치로 씨는 전쟁이 옳다고 말씀하시는 거예요?

이치로 늘 옳다고 말할 수는 없지만, 경우에 따라서는 옳은 전쟁도 있지 않을까요? 만일 국가가 공격받는다면 국민을 지키기 위해 전쟁을 선택할 수도 있지 않을까요?

선생님 정전론正戰論입니다. 결국 어떤 조건 아래서는 옳은 전쟁이라는 말입니다.

전쟁이 용인되는 경우

마를린 말도 안 돼요! 미국은 늘 정의라는 이름을 앞세워 전쟁을 하잖아요? 절대 그렇게는 보이지 않아요.

선생님 분명히 정의를 구실로 하는 국가도 있는데, 일단 이론상은 조건을 한정할 수 있습니다. 미국의 정치철학자 마이클 왈저Michael Walzer*의 정전론이 유명합니다. 그에 의하면, 정당방위와 유사한 대의가 있고, 또한 비非전투원을 다치지 않게 한다는 것이 대전제입니다. 여러분은 어떤 조건이라면 전쟁을 해도 된다고 생각합니까?

톰 저는 방어할 때뿐이라고 생각합니다. 헌법에도 그렇게 나와 있고요.

마이클 왈저(Michael Walzer, 1935년~) | 미국의 정치철학자. 공동체주의(communitarianism)의 논객으로서 분배의 정의에 대하여 이야기했다. 다른 한편으로 옳은 전쟁의 모습을 말하는, 이른바 '정전론(正戰論)'을 둘러싸고도 왕성하게 발언을 펼쳤다. 이 분야에서는 대표적인 논객으로 평가받는다. 국제법 등의 절차적인 논의뿐 아니라 도덕적인 논의가 이뤄지는데 의의가 있다고 말했다. 저서로 『옳은 전쟁과 부정한 전쟁』, 『전쟁을 논하다』 등이 있다.

선생님 헌법 9조의 해석에는 여러 가지가 있겠습니다만, 일본은 기본적으로는 평화주의를 채택하기에 '전수방위傳守防衛'가 기본입니다. 단지 그 경우도 '집단적 자위권'까지 인정할지 말지는 별개의 이야기입니다. 결국 '개별적 자위권'이란 일본이 직접 공격받았을 때에 스스로를 지키는 것으로 문제가 없다고 해도, 동맹국이 공격받을 때에 반격해도 되는지 아닌지는 집단적 자위권의 문제입니다.

나이토 예를 들어 미국이 공격받을 때에 일본이 도우러 가는 건가요? 그건 이상해요.

선생님 정부도 그렇게 말하지만, 유엔에서는 집단적 자위권도 인정하고 있습니다.

마를린 유엔은 전혀 도움이 안 돼요. 평화를 지키고 싶은 것인지, 싸움을 시키려는 것인지.

선생님 유엔의 이상은 평화를 지키는 것인데, 가맹국에 그럴 의지가 있어야만 하지요.

마를린 대체 무엇 때문에 외교가 있는 거예요?

선생님 따라서 처음에는 대화를 나누지요. 그것이 결렬되어 어쩔 수 없이 전쟁에 돌입합니다.

마를린 사고 정지 상태에요!

선생님 말씀하신 대로입니다. 끈기 있게 이야기를 나누지 않습니다. 당장 방법이 없으면 포기해 버립니다.

이치로 어느 정도는 확신범確信犯이 아닌가요? 미국도 일정한 주기마다 반드시 전쟁을 합니다. 온갖 이유를 대면서 말입니다. 전쟁 사업 때문이지요.

모리시타 사업이요?

선생님 미국은 위기의 순간에 대비하여 막대한 군사력을 보유하고 있어 때때로 낡은 무기들을 정리해야 합니다.

모리시타 재고의 대대적인 '세일'을 위해 전쟁을 한다는 말씀이에요?

선생님 유감스럽지만 그렇다고밖에 생각할 수 없는 경우도 있습니다.

이치로 게다가 공격으로 파괴한 국가를 다시 부활시키는 것 역시 사업이니까요. 전쟁이 일어나기 전부터 이미 어느 회사가 나설 것인지 정한다고 합니다.

와다 그렇다면 전쟁이 그치지 않는 게 당연하네요. 자본주의가 계속되는 한 돈벌이를 위한 전쟁이 이어질 테지요?

선생님 미국은 그렇습니다. 하지만 조금 다른 이유로 전쟁을 이어가는 국가도 있습니다.

톰 이슬람의 지하드가 그렇습니다.

선생님 이것은 성스러운 전쟁을 뜻하는 '성전론聖戰論'입니다.

나이토 종교가 얽히면 더 이상 어찌해 볼 방도가 없어요. 지하드라는 것은 알라신을 위해 자폭 테러 같은 걸 하는 사람들이죠? 이제 멈출 방법이 없지요?

선생님 지하드는 본래 그런 의미가 아닙니다. 하지만 지금은 다른 의미로 바뀌었습니다. 그런 식으로 서양 사회를 공격하는 사람들이 있다니, 실로 유감스러운 일입니다.

모리시타 자신의 신만이 옳다고 주장한다면 수습될 리 없어요. 서로 양보하지 않는다면요.

정말로 말하면 알까?

선생님 매우 중요한 관점입니다. 개인 간의 싸움으로 바꾸면 쉽게 이해할 것입니다. 어떻게 하면 싸우지 않아도 되는지 말이지요.

모리시타 여하튼 폭력은 나쁘다는 가치관을 공유할 필요가 있습니다.

이치로 그러기 위해서는 평화 교육을 충실히 해야 합니다.

모리시타 어릴 적에 히로시마의 평화기념관에 다녀온 뒤 전쟁이 나쁘다는 것을 알았습니다.

톰 저는 『맨발의 겐』나가자와 케이지가 그린 만화을 읽었어요.

모리시타 전 세계의 아이들에게 히로시마에 가보라고 말하는 것은 아니죠?

나이토 아니, 전 세계의 학생들이 분쟁 지역으로 수학여행을 가면 됩니다.

선생님 위험한 일이지만 효과는 있을 것 같습니다. 지금 전쟁

보도는 전부 오블라토oblate같은 막에 싸여 버리니까요. 그래서 사실성이 결여되어 있습니다. 사지가 찢겨 이리저리 날아다니고, 아이들이 피투성이가 되어버리는, 그것이 전쟁이라는 것을 알지 못합니다.

톰 미국도 게임 감각으로 전쟁을 하죠? 컴퓨터 조작으로 무인 비행기를 움직여 미사일을 떨어뜨립니다.

선생님 전쟁에서 저널리즘이 갖는 의미는 매우 큽니다. 특히 국가는 나쁜 사정을 은폐하려고 하니까요.

톰 오폭 같은 거죠. 따라서 최근 퓰리처상이나 본 · 우에다 기념국제기자상을 수상하는 것은 전쟁 보도에 관한 것이 많습니다.

선생님 전쟁은 국민의 지지 없이 불가능합니다. 반전 분위기가 고조되면 끝입니다. 예산도 배정해야 하기 때문에 늘 여론을 조작하려는 유혹에 사로잡힙니다.

나이토 따라서 쉽사리 끝나지 않습니다. 역시 정부의 발표가 아니라면 우리가 알 수 있는 정보는 한정되어 있기 때문입니다. 진흙탕이 되어 자국민이 대거 죽어나갈 때까지 알아차리지 못합니다.

모리시타 그랬지만 지금은 트위터나 페이스북으로 전 세계 민중의 목소리를 들을 수 있어 크게 변하고 있습니다.

톰 트위터는 기존의 미디어 규제가 옭아맸던 정보를 퍼트릴 수 있으니까요.

선생님 그런 도구가 저항하는 데 큰 무기가 된다면 좋을 텐데요.

와다 그리고 인간의 기본적인 태도를 바꿀 필요도 있습니다. 대화를 나누고 서로를 좀 더 중시하는 그런 문화를 확립하는 게 중요할 거예요.

선생님 대화를 나누면 서로를 이해할 수 있다는 신념을 갖고 계시는군요.

나이토 그런데 진짜로 말하면 알까요?

선생님 인간에게는 이성이 있습니다. 그러하기에 논리적으로 언어를 사용할 수 있습니다.

톰 그럼에도 불구하고 인간은 무기를 만들거나 남을 괴롭힐 방법을 생각하는 데 이성을 사용해 왔어요. 어리석게도 말입니다.

선생님 그 문제의식은 하버마스가 주장한 것입니다. 그는 근대까지의 이성이 결국 폭력을 낳았다고 비판하고, 다른 이성을 주장했습니다. 앞에서도 소개한 '의사소통 이성' 입니다. 결국 자신의 생각이 옳다는 전제 아래서 그것을 억지로 강요하는 것이 아니라 상대의 의견을 존중하며 함께 진리를 탐구하는 태도입니다.

와다 그런 태도는 중요합니다. 상대에게 양보한다는 거지요?

선생님 그렇습니다. 하버마스가 주장하는 논의의 윤리는 바로 그 점에 주안점을 두고 있습니다. 자신의 의견이 바뀔 수 있다는 전제가 중요한 거지요.

증오의 연쇄를 끊어내기 위하여

이치로 양보할 수 있을 경우에는 그렇겠지요. 분명히 대화의 장에 나와 서로에게 양보할 것입니다. 그러나 양보할 수 없는 문제에 대해서는 절대 물러설 수 없을 것입니다. 예컨대 종교 대립이 원인으로 일어나는 분쟁 같은 것이요.

선생님 종교 대립이 빚어낸 테러가 위험한 것은 그런 이유 때문입니다. 자신이 믿는 신이 유일 절대라고 우기면 해결되지 않습니다. 보복의 폭풍이 불어 닥치기 때문입니다.

톰 그래서 테러는 학대받는 집단이 자유를 얻기 위한 최후의 수단으로 자행되는 것이지요? 그러한 경우에는 오히려 자유의 투사가 됩니다.

모리시타 그러나 아무리 자유의 투사라도 폭력적 수단으로 호소하면 또 다른 보복이 뒤따를 뿐입니다. 그러면 증오의 연쇄에서 벗어날 수 없지 않을까요?

와다 용서라는 행위가 요구되겠네요.

나이토 누가 어디서 용서하지 않는다면 끝나지 않을 것입니다.

마릴린 친구가 죽임을 당하는 것을 보고 과연 용서할 수 있을까요?

모리시타 친구라면 용서할 수 없을 것 같아요.

선생님 가족이 죽임을 당한 유족이 그 범인을 용서하는 일은 있습니다. 보통 상상하기 어려운 일이지만, 진심으로 반성하고 평생 사죄하는 마음으로 살겠다고 결심한 인간을 용서하는 마음이 생기는 일이 실제로는 있습니다. 그것은 한 가지 희망일 수 있습니다. 좀 전에 모리시타 군이 말했던 증오의 연쇄를 우리 인간은 끊어낼 수 있을지도 모릅니다.

이치로 일본과 미국도 그렇습니다. 제2차 세계대전 당시 일본인은 귀축미영鬼畜米英이라며 미국을 증오했지만 지금 우리 일본인은 미국인에 대하여 대개 호의적이니까요.

선생님 이스라엘과 팔레스타인, 남한과 북한, 미국과 이슬람 사회도 언제인가는 그런 식으로 관계가 호전되길 바랍니다.

모리시타 그러고 보면 전쟁이란 마음먹기에 달린 것일지도 모르겠습니다.

선생님 유네스코 헌장은 바로 그 점을 이야기하고 있습니다. '전쟁은 사람의 마음속에서 생겨나는 것이기에 사람의 마음속에 평화의 요새를 구축하지 않으면 안 된다'고 말입니다.

톰 마음속에 평화의 요새라……. 그게 뭐죠?

선생님 이유를 묻는 것이 아닐까요? 결국 왜 이런 싸움을 하는가, 이것은 정말로 옳은 행위인가 하고 묻는 것입니다. 대개 전쟁은 그 같은 의문을 던지지 않은 채로 시작합니다. 그리고 나중에 어리석은 짓을 했다며 반성합니다. 따라서 늘 물어야 합니다. 저는 그것만이 마음속의 평화의 요새일 것으로 생각합니다.

마를린 친절이나 배려 같은 것도 있겠지만, 선생님이 말씀하신 대로 생각하는 것도 평화로 이어질 것 같습니다.

선생님 사실 철학은 평화 활동이 될 수 있다고 봅니다. 이렇듯 시민들이 모여 전쟁의 본질에 대하여 생각해 봄으로써 작으나마 평화로 이어질 수 있기 때문입니다.

와다 가장 손쉽게 실천할 수 있는 평화 활동이에요.

선생님 철학 카페도 그러하지만, 그보다 더 손쉬운 방법은 가족을 사랑하는 것이 아닐까요? 마더 테레사의 유명한 일화가 있습니다. 그녀는 '죽음을 기다리는 집'을 짓고 노상에서 죽어가는 가난한 사람들에게 구원의 손길을 내밀어 노벨평화상을 받았습니다. 그 자리에서 어느 기자가 이렇게 물었습니다. "평화를 위해 우리는 무엇을 할 수 있습니까?"라고요. 그랬더니 그녀는 기자에게 이렇게 답했습니다. "지금 당장 집으로 돌아가 아이를 안아 주세요."라고요.

와다 감동적인 이야기네요.

선생님 저도 오늘은 일찍 집에 가서 아이를 안아 줘야겠습니다. 그럼, 이번 주제는 이즈음에서 마치도록 하겠습니다. 앞으로 여러분이 각자 살아가는 가운데 계속 생각해 주기를 바랍니다. 철학 문제에 끝은 없으니까요.

주제 09

권력은 나쁜가?

권력이란 무엇인가?

선생님　이번 주제는 '권력은 나쁜가?' 입니다. 중동의 독재자를 보면 처음에 그들은 해방자였습니다. 그런데 권력의 자리에 앉으면서 부패합니다. 일본도 예외는 아닙니다. 정권 교체를 해도 점차 전前 정권처럼 되어갑니다. 이것은 특정한 누가 나쁜 것이 아니라 권력 자체에 내재하는 불가피한 성질 같은 것입니다.

나이토　선생님이 여기서 말씀하신 권력이란 무엇입니까?

선생님　좋은 질문이군요. 일단 국가권력을 의미합니다만, 여러분의 생각은 어떠세요?

톰　영어로는 파워죠. 힘입니다.

마를린　강제하는 힘입니다.

선생님 독일의 사회학자 막스 베버Max Weber*는 이렇게 정의했습니다. '사회관계 내에서 한 행위자가 다른 행위자의 저항에도 불구하고 자신의 의지를 관철시킬 수 있는 모든 가능성'이라고 했습니다.

이치로 '저항에도 불구하고'라는 부분이 문제입니다. 분명 국가 권력이 나쁜 상대를 대적할 때는 든든한 버팀목이 되지만, 늘 그런 것은 아니니까요. 소수민족을 억압하는 영상을 보면 그렇습니다.

선생님 그것에 대하여 프랑스의 현대사상가 미셸 푸코Michel Paul Foucault**는 말합니다. 그에 의하면, 권력은 자신들의 사정에 좋을대로 규칙을 만든다고 합니다. 예컨대 관리가 어려운 사람들이면 '이상자'라는 꼬리표를 붙이고 격리해 버리는 거지요.

막스 베버(Max Weber, 1864~1920년) | 근대 독일의 사회학자 · 경제학자. 사회과학 모든 분야에 걸쳐 연구 성과를 남겼다. 서양사회에서 자본주의가 발달한 이유를 프로테스탄티즘의 윤리에서 찾고, 관료제를 통해 지배 근거의 합리성을 찾는 등, 비교문명론적인 시각이 특징이다. 저서로 『프로테스탄티즘의 윤리와 자본주의 정신』, 『직업으로서의 정치』, 『직업으로서의 학문』 등이 있다.

미셸 푸코(Michel Paul Foucault, 1926~1984년) | 프랑스의 현대사상가. 권력에 대하여 초지일관 비판적인 입장을 취했다. 실제로 정치 투쟁에도 적극적으로 관여했다. 그러나 그의 정치 투쟁은 정치적 이데올로기를 내세운 고압적인 자세를 취하는 것이아니라 어디까지나 전문가로서 개별 문제에 힘쓰는 스타일이다. 동성애로 고민하다가 마지막에는 에이즈로 비교적 젊은 나이에 생을 마쳤다. 저서로 『광기의 역사』, 『말과 사물』, 『감옥의 탄생』등이 있다.

모리시타 그럼 그런 꼬리표가 붙여지면 그것으로 끝이네요?

나이토 그래요. 지금 오덕후들이 화난 것은 만화를 규제하려는 도쿄도의 조례 때문입니다. 표현의 자유는 어떻게 되는 거죠? 우리에게 그것은 탄압이에요. 제2차 세계대전 이전의 사회주의자의 마음을 알 것 같아요.

선생님 그렇게 자신의 권리가 위협당한 후에야 비로소 권력의 무서움을 깨닫습니다. 얌전히 있다면 권력이란 것은 자신들을 지켜주는 존재이니까요.

권력은 누구의 편인가?

나이토 대체 권력은 누구 편입니까?

선생님 지지자이겠지요.

모리시타 그 말씀은 국민인가요?

선생님 일부는 그럴 것입니다. 물론 처음에 과반수 국민의 지지가 없었다면 그들은 권력의 자리에 앉지도 못했을 것입니다. 그러나 그 후 점차 의견이 맞지 않는 사람들이 떨어져 나갑니다. 따라서 자신들과 의견이 맞는 지지자만이 자기편이 됩니다.

모리시타 그것이 국민의 극히 일부라도 말인가요.

선생님 맞습니다.

마를린 그런 권력은 무너지지 않을까요?

선생님 그렇지도 않습니다. 힘으로 억누르려고 하기 때문입니다. 외국에서는 자주 있는 일입니다. 과거 이라크에서도 소수의 수니파가 다수의 시아파를 힘으로 지배했습니다.

톰 결국 자기편이 권력자라면 안심하고, 적이 권력의 자리에 앉으면 탄압을 당한다는 것인가요.

선생님 네. 일본은 어느 세력이 권력을 잡든 별반 다르지 않습니다. 그러나 국가에 따라서는 사활이 걸린 문제가 되기도 합니다.

이치로 일본에서도 가고시마현 아쿠네阿久根시에서는 격렬한 대립이 있었습니다. 개혁파이자 과격한 독불장군 다케하라 신이치竹原信一 시장과 반反시장파요. 그 모습을 보면서 시장도 잘 뽑아야 한다고 생각했습니다.

모리시타 그런데 어째서 그런 권력자를 따라야 하는 것일까요?

선생님 정당하게 선거로 뽑았기 때문입니다. 형식적으로는 그것이 이유입니다. 실질적으로는 공평성을 이유로 드는 사람도 있습니다. 결국 권리를 쥐어 주었기에 권력에 대하여 의무를 다할 필요가 있는 것입니다.

톰 그래서 복종의 의무가 생긴다는 것은 잘 알겠는데, 어떤 상황이든 따라야 한다니 좀 이상합니다.

선생님 그것이 시민적 불복종이라는 것입니다. 일부 특권계급만이 이익을 보는 정치가 이뤄진다면 우리에게는 저항

할 권리가 있습니다.

모리시타 선생님, 그런데 권력과 권위는 다른 것인가요?

선생님 좀 전에 톰 씨가 '권력이란 파워power'라고 말씀하셨는데, 권위는 오소리티authority입니다. 어떤 강제하는 심리적 요소를 포함한 것이 권위입니다. 따라서 엄밀히 말해 권력만 있다고 모두가 따르지는 않습니다.

마를린 권위가 있다는 것은 이 경우 구체적으로는 무엇을 의미하나요?

선생님 막스 베버는 지배의 세 가지 유형을 주장했습니다. 전통적 지배traditional authority, 카리스마적 지배charismatic authority, 합법적 지배legal authority입니다. 전통적 지배란, 전통에 의거하여 사람들이 따르는 경우입니다. 메이지 천황이 여기에 해당합니다. 카리스마적 지배란, 영웅이나 특수 능력을 가진 인물을 숭배하는 경우입니다. 히틀러나 김정일 같은 독재자입니다. 합법적 지배란, 합법적 절차를 따르는 경우입니다.

마를린 현대 사회는 합법적 지배죠?

선생님 그렇습니다.

권력이 필요한 이유

나이토 권력의 의미에 대해서는 충분히 이해했습니다. 그런데 본래 어째서 권력이 필요한 거죠?

이치로 싸움이 벌어지기 때문이 아닌가요?

선생님 맞습니다. 토마스 홉스Thomas Hobbes*는 '만인의 만인에 대한 투쟁'이라고 표현했는데, 요컨대 인간은 내버려두면 욕망이 서로 맞부딪혀 서로를 죽인다는 것입니다. 따라서 권력이 필요하다고 말합니다. 따라서 홉스는 왕에게 권리를 양도할 것을 주장합니다. 국가나 국가권력은 그런 사람들의 계약에 근거하여 이뤄지는데, 이것을 '사회 계약'이라고 말합니다.

나이토 사회 계약이라면 장 자크 루소Jean Jacques Rousseau**도 그랬지요?

토마스 홉스(Thomas Hobbes, 1588~1679년) | 근대 영국의 사상가. '만인의 만인에 대한 투쟁'이 자연 상태이고 이것을 피하기 위한 방법으로써 '사회계약설'을 주장했다. 그 특징은 자연권을 왕에게 양도한다는 것으로 형태로 군주정치를 지지했다. 저서의 제목이 된 '리바이어던(Leviathan)'은 구약성서에 등장하는 바다 괴물에서 유래한다.

장 자크 루소(Jean-Jacques Rousseau, 1712~1778년) | 근대 프랑스의 사상가. 불행한 처지로 방랑 인생을 보냈다. 38살에 현상논문이 당선되고 그것을 계기로 사상가로서 데뷔했다. 50살에 '일반의지'를 토대로 직접 민주주의를 주장하는 『사회계약론』을 간행하여 프랑스 혁명의 바이블이 되었다. 그러나 위험 사상이라는 꼬리표가 붙여져 박해를 받았다. 음악가로서도 유명하여 '주먹 쥐고 손을 펴서'의 악곡은 루소의 작곡. 저서로 『에밀』, 『인간 불평등 기원론』 등이 있다.

선생님 루소도 그랬고 존 로크John Locke* 도 있습니다. 루소의 사회 계약은 직접 민주제를 주장하고 있는 점이 특징입니다. 로크는 홉스와 비슷하지만, 왕에게 권리를 양도하는 것이 아니라 어디까지나 의회에 맡기자고 합니다. 바로 그 점이 다릅니다. 여하튼 권력을 누군가에게 맡기고 통치하기 위한 지혜입니다.

톰 쿠데타가 일어난 국가에서 약탈이 발생하는 영상을 봤습니다. 그것이야말로 만인의 투쟁 상태였습니다. 어느 누구의 통치가 필요합니다.

마를린 분명 경찰 기능이 마비되면 밖에 나다닐 수 없을 거예요.

선생님 경찰은 가장 가까이에 있는 권력입니다

나이토 하지만 경찰도 무서워요. 필요하지 않다면 없는 게 좋아요. 많은 경찰이 모여 있는 모습을 보면 엄청 삼엄하죠?

선생님 경찰이라는 권력은 없앨 수 있을까요?

이치로 그랬다가는 조직 폭력단 같은 세력이 힘을 갖지 않을까요?

존 로크(John Locke, 1632~1704년) | 근대 영국의 철학자. 영국 경험론을 완성했다. 데카르트를 비롯한 합리론자가 주장하는 '생득관념'을 비판하고 인식은 경험에서 나온다고 주장했다. 마음의 백지 '타불라 라사(tabula rasa)'에 관념을 써간다고 말했다. 정치 사상의 분야에서도 홉스나 루소와 나란히 '사회계약설'의 입장에서 뛰어난 이론을 제기한다. 미국 독립선언이나 프랑스 인권선언에 큰 영향을 미쳤다. 저서로 『인간 지성론』, 『통치론』, 『교육론』 등이 있다.

선생님 그것은 조직 폭력단이 권력을 가진 상태이겠군요. 조폭이 아니지만 경비 보안 회사가 맹렬히 싸워 결국 정부가 될 것이라고 생각하는 사람도 있습니다. '자유방임주의자libertarian'의 대표적인 인물인 로버트 노직Robert Nozick*입니다.

와다 자유방임주의자?

선생님 자유방임주의자는 자유지상주의자입니다. 특히 노직은 정부의 기능을 사법, 치안 유지, 국방에 한정한 최소 국가가 바람직하다고 말합니다. 권력을 생각하는데도 참고가 되는 사상입니다.

이치로 노직은 기본적으로는 권력이 악惡이라고 생각하기에 '최소가 좋다'고 말하는 거지요?

선생님 개인의 자유를 중시한다는 의미지요. 필요악으로서 최소한의 기능을 추구하는 거예요.

마를린 분명 최소 국가는 필요할지 모르지만, 개개인이 자신의 욕망을 억누를 수 있다면 좋을 거예요.

선생님 그것이 최고의 이상입니다. 강한 윤리관에 의해 권력을

로버트 노직(Robert Nozick, 1938~2002년) | 미국의 정치철학자. 정치이론에 그치지 않고 도덕철학과 법철학으로 폭넓게 업적을 남겼다. 특히 자유방임주의를 주장, 저서인 자유방임주의의 고전 『아나키에서 유토피아로』는 큰 영향을 미쳤다. 이 책에서 국가의 역할을 사법, 치안유지, 국방에 한정하는 '최소국가'를 제창해 존 보들리 롤스(John Bordley Rawls)의 『정의론』에 철저한 비판을 가했다. 저서로 『철학적 설명』, 『생 한가운데의 나선』 등이 있다.

불필요한 것으로 만드는 것이지요. 제 입장도 그렇습니다.

나이토 하지만 무리예요.

톰 어째서 그렇게 생각하는 거예요?

나이토 왜냐하면 그게 인간이니까요.

톰 개인의 힘만으로는 어려울지 모르지만, 시민이 서로를 견제할 수 있지 않을까요?

감시 카메라와 위키리크스

선생님 가능성이 전혀 없는 것은 아닙니다. 좀 전에 나왔던 푸코는 파놉티콘Panopticon이라는 원형 감옥의 아이디어를 사용하여 권력이 규율로서 내면화되는 것에 대하여 이야기했습니다.

모리시타 파놉티콘?

선생님 네. 원래는 제러미 벤담Jeremy Bentham*의 아이디어였는데,

제러미 벤담(Jeremy Bentham, 1748~1832년) | 근대 영국의 사상가. 쾌락을 낳는 것이 선이고 고통을 낳는 것이 악이라는 전제를 근거로, 행위의 선악은 쾌락과 아픔을 증가시키는가의 여부에 따라 정해진다고 주장했다. 이 사상은 '공리주의'라고 부르고 '최대 다수의 최대 행복'이라는 슬로건으로 상징된다. 단지 그가 말하는 쾌락이란 정신적인 것으로 그 자신도 사치스러운 생활이 아닌 독서나 음악 감상을 즐기는 생활을 보냈다. 저서로 『통치론 단편』, 『도덕 및 입법의 원리 서설』 등이 있다.

도넛 형태의 건물 한가운데에 감시탑이 있습니다. 그리고 도넛 부분에 독방이 있지만 그들에게는 감시탑 안이 보이지 않도록 되어 있습니다. 따라서 늘 감시받는다고 생각합니다. 사람들은 실제로 감시받지 않아도 자신을 스스로 규제합니다. 이것이 규제의 내면화입니다.

마를린 얌전해진다는 말이네요?

선생님 그렇습니다. 아무도 보지 않아도 반듯하게 행동하는 것이지요.

모리시타 좋은 일이 아닌가요?

선생님 좋은 일입니다. 죄수들이 소동을 일으키는 일도 없으니까요. 게다가 하루 온종일 쭉 붙어서 감시할 필요도 없습니다. 비용도 들지 않습니다. 벤담은 그런 이유로 이 아이디어를 제안했습니다.

톰 감시하지 않아도 얌전해지는 것은 학교도 마찬가지입니다.

선생님 푸코도 그렇게 말합니다. 사실 근대 사회의 온갖 조직이 이 시스템을 채용하고 있습니다. 그렇게 인간을 관리하고 있습니다. 지금은 거리에 설치된 감시 카메라가 그 역할을 맡고 있어서 가는 곳곳마다 감시당합니다.

나이토 분명 어디를 가든 언제나 누군가가 지켜보는 것 같습니다.

선생님 실제로는 카메라가 없어도 '방범 카메라 설치'라고 적힌 것만으로도 충분한 효과가 있습니다. 누군가 지켜보는 것 같은 것이지요.

모리시타 저는 감시 카메라가 싫어요. 비겁해요. 기분 나쁘고요. 「2001년 우주의 여행」의 인공지능 HAL9000이 생각나요. 내내 승조원을 감시하지요. 모든 이야기를 듣고 배신할 것 같으면 죽여요.

선생님 기분 나쁜 것은 알겠는데, 비겁하다니요?

모리시타 왜냐하면 저는 저편에 있는 인간을 볼 수 없잖아요.

선생님 비대칭입니다. 분명히 그것이 권력의 특징이거든요. 우리는 결코 권력과 대등하지 않습니다.

톰 그거 바람직하지 않습니다. 권력도 부정을 저지르고 잘못도 하는 법입니다. 그것을 거꾸로 감시하는 시스템이 없어서는 안 됩니다.

선생님 지금은 정보 공개 청구나 시민 옴부즈맨ombudsman 같은 제도가 있습니다. 충분하지 않을지도 모르지만, 일단 이쪽도 권력을 감시할 수 있게 된 것입니다.

이치로 문제는 다들 관심이 없다는 거예요.

나이토 그래서 부정이 일어나요. 좀 더 관심을 가져야 합니다. 권력은 썩는다고 하잖아요?

이치로 믿음직스럽습니다. 하지만 정부는 이런 사람들을 싫어할 거예요. 안 그렇습니까?

선생님 맞습니다. 결코 속마음을 말하지는 않지만 사실 권력은 관심받으면 곤란해 합니다. 따라서 투명성을 말하면서도 꽤 장벽을 마련하고 있지요. 적에게도 모조리 보이게 되니까요.

톰 관심을 가져야 한다면서 실은 내버려 두길 바라다니, 사기입니다.

선생님 바로 그 점이 딜레마입니다. 그런데 불과 얼마 전에 그것이 문제가 된 사건이 있었습니다. 위키리크스의 내부고발 사건입니다. 미국의 외교 정보를 인터넷 상에 대량으로 공개했던 것입니다. 이래서는 국가 기밀을 지킬 수 없습니다. 정부는 국익이 손상되었다며 비난했지만, 위키리크스나 이를 지지하는 언론 매체는 알 권리라고 주장했습니다.

마를린 권력은 알리고 싶지 않지만, 국민은 알고 싶다는 딜레마이군요.

선생님 위크리크스는 다소 정도가 지나쳤기에 여론은 일단 정부의 손을 들어주었습니다. 그러나 정부가 이것으로 정보관리를 더욱 엄격히 하면 권력 감시라는 측면에서는 후퇴하고 맙니다.

이치로 권력과 국민 사이의 긴장 관계는 적절한 부분에서 유지해 가는 것이 최선인 것 같아요. 양쪽 다 지나치지 않도록 주의해야 해요.

선생님 맞습니다. 권력을 악으로 돌리는 것도, 자기편으로 만드는 것도 여하튼 우리의 마음가짐에 달렸습니다. 자, 이번 주제에 대한 논의는 이즈음에서 마치겠습니다. 이후 여러분이 각자의 인생을 살아가는 가운데 계속 생각해 보시기를 바랍니다. 철학 문제는 끝이 없으니까 말입니다.

제4장

사회를 철학한다

국가는 어디까지
국민을 돌봐야 할까?

왜 환경문제는 해결되지 않는가?

정의는 누가 정하는가?

주제 10

국가는 어디까지 국민을 돌봐야 할까?

당신은 복지국가를 원하는가?

선생님 이번 우리가 논의할 주제는 '국가는 어디까지 국민을 보살펴야 하는가?' 입니다. 여기서 말하는 국가에는 지방자치단체까지 포함하는 소위 '정부'를 말합니다. 그 전에 먼저 정부가 국민을 어떻게 돌보고 있는지 말해 볼까요?

모리시타 그것은 역시 경찰이나 재판소의 기능이죠? 저희 부모님이 경찰관이라서 그런지 그런 생각이 가장 먼저 드네요.

나이토 오호 그랬군요.

이치로 그리고 방위요.

선생님 분명 그건 개인이 제 멋대로 해서는 안 됩니다. 마음에 들지 않는다는 이유로 체포하는 것을 용납한다면 조직 폭력단의 항쟁 같은 것이 되어버리니까요.

와다 복지나 교육도 국가의 일이라고 생각합니다.

이치로 그것은 정도의 문제입니다. 너무 지나칠 필요가 없습니다. 국가는 국민의 목숨을 지키는 일에 전념하면 됩니다.

와다 어머나, 교육이나 복지도 국민의 목숨을 지키는 일이에요.

선생님 이거 흥미롭군요. '국민의 목숨을 지킨다'는 말은 같은데 그 내용이 이렇게나 다르다니요. 그러기에 오늘의 주제가 문제가 되는 것이겠지요. 이치로 씨는 아무래도 자유방임주의자인 것 같습니다.

이치로 자유방임주의자라면 앞에서도 나왔었죠?

선생님 그렇습니다. 최소 국가에 대해서 말했을 때 등장했던 자유방임주의자입니다. 국가가 어디까지 돌봐야 하는가에 관해서는 융통성이 있습니다. 가장 극단적인 것은 아예 정부 따윈 필요 없다고 하는 무정부주의입니다. 그 다음이 사법, 치안 유지, 국방만으로 충분하다는 자유방임주의입니다. 거기에 필요한 최소한의 복지 서비스를 추가한 것이 고전적 자유주의입니다. 그 이상은 복지국가나 사회주의가 됩니다.

이치로 그렇다면 저는 자유방임주의자입니다.

와다 저는 복지국가가 좋아요.

모리시타 그래도 세금은 내야 할 걸요?

선생님 그렇다면 여러분에게 묻겠습니다. 세금은 많지만 행정 서비스가 좋은 국가, 세금은 적지만 행정 서비스가 좋지 않은 국가 중 어느 쪽이 좋습니까?

이치로 물론 세금이 적은 게 좋지요.

와다 저는 세금이 많은 쪽이요.

나이토 저도 많은 쪽입니다.

선생님 비교적 세금이 많은 쪽을 선택하는 분이 많군요. 그런데 실제로는 어떨까요?

톰 제 생각에는 낮은 복지 · 중간 정도의 부담일 것 같습니다. 각자 나름대로 세금을 내고 있는데 생활보호 기준이 엄격하거나 보육 시설이 부족하거나 도우미를 고용할 수 없거나 하잖아요.

마를린 분명 돈 쓰는 방식이 이상합니다. 낭비가 많아요. 그런 쓸데없는 데 지출되는 세금을 줄이면 복지는 지금보다 나아질 거예요.

선생님 어째서 여러분 모두가 알고 있는데 변하지 않는 것일까요?

마를린 그것은 아마 욕심이 많아서이겠지요.

이치로 따라서 끝이 없다고 말합니다. 자유…… 뭐라고 하셨죠?

선생님 자유방임주의자입니다.

이치로 아, 자유방임주의자의 입장에서 말하면 중앙정부와 지방의 빚을 합치면 일본의 경우 800조 엔 정도가 됩니다. 아주 천문학적인 수이지요. 여기서 더 빚을 늘린다면 상환에 쫓겨 어떤 새로운 일을 할 수 없습니다. 그래도 좋은가요?

정치가를 비난할 수 있는가?

나이토 정치가의 책임감이 부족한 것은 아닐까요?

모리시타 그래도 공약을 내걸고 의지를 보이지요. 요전에 선거에 처음 참여하게 되어서 후보들의 공약을 찬찬히 읽어 보았습니다. 그랬더니 꽤 좋은 것들이 쓰여 있더군요.

마를린 공약을 내거는 것쯤은 누구든 할 수 있습니다.

선생님 어째서 실현할 수 없는 것일까요?

와다 제대로 전해지지 않는 게 아닐까요? 그 사람들은 당선되면 남의 일이나 정국을 중시하니까요?

선생님 선거제도가 문제일까요?

와다 그렇다고 해도, 일단 맡겨졌다면 철저히 해야지요.

톰 하지만 와다 씨, 야당도 있으니까 선거 공약을 전부 실현하는 것은 현실적으로 무리입니다.

와다 그렇다면 공약을 함부로 내걸어서는 안 되지요.

선생님 그러면 무엇을 해 줄지 알 수 없습니다. 또 공약을 내걸면서 '반드시 실현된다는 보장은 없다'고 덧붙일 수도 없고요.

와다　그것은 알지만, 아무래도 비난하게 되네요.

선생님　그럼, 여러분에게 묻겠습니다. 만일 아무도 입후보하지 않는다면 어떨까요?

모리시타　뭐라고요?

선생님　온 힘을 다해 최선을 다해도 결국 비난만 받는 자리라서 더는 아무도 나서지 않는다면요?

모리시타　제비뽑기로 결정할까요?

선생님　그러면 부실이 있어도 책임을 묻기가 어렵습니다. 모두를 위하여 하기 싫은 일을 꾹 참고 억지로 한 것이니 말입니다.

이치로　그럴 때는 미국인이 찾아와 기꺼이 대신해 줄 테니 걱정하지 않아도 됩니다.

톰　외주인가요? 자국의 운영도 스스로 할 수 없다니, 한심해요. 그렇다면 점령당해도 불평할 수 없습니다.

선생님　지금도 미국의 속국이라는 야유를 받고 있으니, 어느 정도는 이미 그런 상태일지도 모르겠습니다.

나이토　진짜로 아무도 나서지 않는다면 제가 할게요.

와다　훌륭해요!

선생님　여기서 짚고 넘어갈 점은 정치가가 나쁘다고 말하기에 앞서 그 정치가를 선택한 것은 자신들이고, 선거제도가 나쁘다고 말하기에 앞서 그 제도를 선택한 것도 자신들이라는 것입니다. 그런 그들이 게을리 일한다거나 나쁜 짓을 한다며 추궁합니다.

톰 분명 우리는 마치 남 일인 양 비난합니다. 여기서 케네디의 연설이 떠오릅니다.

나이토 '당신이 국가를 위해 무엇을 할 수 있는지 생각하라'는 말이죠.

선생님 그렇습니다.

'새로운 공공'이라는 사고방식

톰 자유방임주의자인 이치로 씨는 어떻게 생각하십니까? 설마 정말로 미국이 대신하여 이 나라를 운영해도 된다고 생각하는 건 아니죠?

이치로 일반적으로 자유방임주의자들이 어떻게 생각하는지는 모르겠습니다만, 저는 국민이 해야 할 의무는 없다고 생각합니다. 자유가 중요하기에 할 사람은 하고 하기 싫은 사람은 안 하면 되죠. 그것으로 충분하지 않을까요? 어떤가요, 선생님?

선생님 자유방임주의자들은 보통 그렇게 생각하지요.

나이토 다른 정치철학의 입장에서는 어떨까요?

선생님 예를 들어, 공리주의자라면 효용을 계산해 보고 행복이 최대화하지 않는 한 하지 않을 것입니다.

나이토 이점이 없다면 안 한다는 건가요? 너무 타산적이네요.

선생님 타산을 벗어던지고 정치에 적극적으로 참여할 수 있는 정치철학 입장은 어떤 걸까요? 혹은 무엇을 공통의 가치관으로 삼으면 국민들이 좀 더 적극적으로 참여할까요?

모리시타 역시 협력이 아닐까요? 서로 의지가 된다는 걸 알면 사람들은 무관심할 수 없을 거예요.

선생님 말씀하신 대로입니다. 그런 가치관은 앞에서도 나온 공동체의 미덕입니다.

모리시타 어떤 거였죠?

선생님 모리시타 군이 말했듯이 '서로 든든한 의지가 되어 주는' 것입니다. 그것을 중시하는 정치철학적 입장이 공동체주의입니다. 『마이클 샌델의 하버드 명강의』에서 표명한 마이클 샌델의 입장입니다.

모리시타 생각났어요. 저는 마이클 샌델 교수가 너무 좋아요. 꽤 유머러스하죠. 게다가 공동체의 미덕은 왠지 지금 시대에 잘 맞습니다. 그것이 먹힌 것일까요?

선생님 그것도 그럴 것입니다. 마이클 샌델은 시장의 도덕에 대하여 이야기했는데, 그것이 리먼 쇼크 이후의 미국과 선진국들에게 딱 들어맞으니까요. 공동체 안에서 서로 돕는 것이 이상입니다.

마를린 그것이 '새로운 공공'이라는 것과 관계가 있어요?

선생님 매우 관계가 있습니다. '새로운 공공'이라는 것은 NPO 국가와 시장을 제외한 제3의 비영리단체나 봉사 단체처럼 공적인 영역을 자발적으로 맡는 시민을 지칭합니다. 그들은 공무원도 아니면서 정부나 지자체를 위해 인력을 제공합니다.

톰 명칭이 멋있네요. '새로운 공공'이라니, 결국 정부는 '낡은 공공'이라는 말이지요. 공공성을 담당하는 것은 우리 모두라는 선언인 것입니다.

이치로 하지만 그런 것을 정부가 강요하는 것은 좀 이상합니다.

선생님 강요하는 게 아니지만, 정부가 그런 방침을 내걸면 자연히 하지 않으면 안 된다는 풍조가 형성됩니다.

이치로 결국 재원이 부족하기 때문이죠? 따라서 괜한 서비스를 그만두면 해결될 것이라고요.

선생님 그러나 재원 부족을 보완한다는 소극적인 것만은 아닙니다. 이론상으로는 그것에 의해 시민사회가 활성화한다는 적극적인 목적도 있습니다. 왜냐하면 자신들이 직접 한다는 것은 지금까지 무관심했던 공적 영역에 관여한다는 것을 의미하기 때문입니다.

공유하는 시대

마를린 최근 취업을 위해 읽는 『What's Mine Is Yours』(Rachel Bostman, Roo Rogers)이라는 책과 비슷하네요. 새로운 비

즈니스 형태에 관한 이야기인데, 앞으로는 소유의 시대가 아니라 공유의 시대라고 말합니다. 예컨대, 어차피 사용하지 않는 방을 내버려 두지 않고 빌려주었더니 생각지 못한 수입이 생깁니다. 이외에도 여러 사례를 들면서 결국엔 무엇이든 공유하면 공동체의 활성화로 이어진다고 말합니다.

선생님 찬성합니다. 지금 고령자와 젊은 사람이 집을 공유하는 사례도 있습니다. 결국 가능한 한 임대료를 줄이려는 젊은 사람과 일손이 필요한 고령자의 요구가 맞아떨어진 것입니다. 그리고 고령화가 진행되는 단지 안에 젊은 사람들을 낮은 임대료로 들이면 단지 분위기가 젊어집니다. 그런 식으로 공동체 자체가 활성화됩니다.

톰 국가는 이런 사례가 증가하도록 지원해 주면 되겠군요.

선생님 네. 국가가 직접 거액의 재정을 투입할 필요 없이 기존의 물품을 잘 활용하도록 국민에게 기회와 권한을 주는 것입니다. 이것을 '권한 위임Empowerment' 이라고 말합니다.

이치로 대개 무슨 일이든 정부가 개입하면 답답한 사회가 만들어지죠.

선생님 그것도 중요한 관점입니다. 국가에 돈이 있다고 하여 모든 것을 정부에 맡기면 규제뿐입니다. 오히려 자유를 잃을지도 모릅니다.

마를린 그럴까요? 돌봐 주면 고마운 일이 아닌가요?

이치로 하고 싶어도 못 하던 시대도 있었잖아요? 태평양 전쟁 이전까지는 내내 그랬습니다. 그 뒤에도 온통 규제였습니다. 일본이라는 나라는 국민의 힘을 믿지 않는 거지요. 그러고 보면 지금은 살기 좋은 시대입니다.

톰 일본은 하지만 여전히 정부가 모든 실권을 장악하고 국민을 마음대로 휘두르는 곳이 많습니다. 그런 의미에서 이 문제는 아직 과거형이 아닙니다.

선생님 정부는 어디까지 국민을 돌봐야 하는가, 여기에 간단히 답할 수는 없습니다. 그러나 여하튼 최소한으로 사법, 치안 유지, 국방은 정부가 도맡을 필요가 있다는 점에서는 일치합니다. 문제는 행정 서비스를 어디까지 확대할 때 국민의 자유를 제한할 수 있는지를 설정하는 거예요.

모리시타 늘 국민이 적극적으로 관여하여 어디까지 세금으로 할 것인지 끊임없이 논의하는 것이 중요할 것입니다. 왜냐하면 무관심하면 국가가 유리하도록 휘두를 테니까요.

선생님 맞습니다. 사실 국가는 우리 자신입니다. 자, 이번 주제는 이즈음에서 마무리하겠습니다. 앞으로 여러분이 인생을 살아가면서 국가의 역할에 관하여 계속 생각해 주십시오. 철학 문제에 끝은 없으니까요.

주제 11

왜 환경문제는 해결되지 않는가?

심층생태론 VS 표층생태론

선생님 이번에 우리가 나눌 이야기의 주제는 '왜 환경문제는 해결되지 않는가?' 입니다.

이치로 몇 십 년 전부터 환경문제를 해결하려고 애쓰고 있는데 전혀 해결될 기미가 없습니다.

톰 인간의 이기심이죠.

나이토 무슨 말씀이신지 도통 이해되지 않아요. '환경을 의식하고 산다'는 것 자체가 억지스럽기 때문에 언제까지고 변하지 않는 거예요.

모리시타 도리어 화내는 거예요?

나이토 그럴 리가요. 인간은 무엇인가를 하면 반드시 환경에 부담을 줍니다. 음식을 먹으면 자연이 다치고 집을 지으면 자연이 상합니다. 그러한 존재이기에 어쩔 수 없는 일이 아니냐고 말씀드리고 싶은 거예요.

선생님 그래도 적당히 억누를 필요는 있습니다. 예를 들어 자연의 동식물을 먹는 것은 다른 동물도 그렇지만 먹이사슬 내에서 자연의 체계를 유지할 필요가 있습니다.

나이토 특히 인간은 그 범위를 넘어서는 안 됩니다.

모리시타 어째서요?

나이토 인간만이 문명을 가지고 있기 때문입니다. 문명의 존재만으로도 이미 자연에 끼치는 영향은 큽니다. 따라서 이 문제를 어떻게든 해야 해요.

와다 그럼 원시인처럼 생활해야 한다는 말씀이에요?

나이토 그 정도는 아니더라도 슬로라이프를 실천하는 사람은 있습니다.

이치로 그건 패션에 대한 이야기가 아닌가요? 진심으로 자연을 생각한다면 좀 더 혁신적으로 나서야 합니다. 바로 원시인처럼요. 저야 못 하지만요.

선생님 그런 발상이 '심층생태론Deep ecology'입니다. 자연과 인간을 동등하게 보고 환경문제를 근원으로 거슬러 올라가 해결하고자 하는 사상입니다. 그 반대가 '표층생태론Shallow ecology'입니다. 환경문제는 단순히 기술적인 문제로, 기술에 의해 해결된다는 입장입니다. 평범한 우리가 가진 생각과 비슷하죠. 예를 들면, 에코 기술 같은 걸 말해요.

톰 하이브리드 자동차 같은 거요. 인간은 실로 놀랍습니다. 역경을 딛고 새로운 환경 기술을 무기로 경제를 발전시키니 말입니다.

나이토 진짜 그걸로 해결될까요? 왠지 눈속임 같아요.

톰 그래요? 환경은 지금 우리가 살아가기 위한 마지막 희망입니다. 미국의 오바마 대통령의 취임 당시에 '그린 뉴딜'이 화제가 되었는데, 그것은 경제도 환경에 기인한다는 의미입니다.

선생님 나이토 군은 심층생태론이 좋다고 생각해요?

나이토 으흠. 글쎄요. 한 가지 확인하고 싶은 것이 있는데요. 심층생태론은 자연과 인간을 동등하게 다룬다고 하셨는데 나무를 자르기라도 하면 살인죄를 저지르는 것인가요?

선생님 글쎄요. 하지만 건물을 지으려고 할 때에 유서 깊은 나무가 있다면 그것을 자르지 않고 다른 방법을 마련하겠지요.

나이토 그렇다면 심층생태론이라는 것은 조금 비현실적으로 느껴집니다.

톰 확실히 그린피스나 씨 셰퍼드Sea shepherd 같은 과격한 환경단체가 보트를 타고 포경선에 다가가 저지하기도 하는데, 그건 아닌 것 같아요.

마를린 인간 사회를 전제로 생각하지 않으면 오히려 아무것도 변할 수 없어요. 그런 발상이 중요하기는 하지만요.

『불편한 진실』은 옳은가?

선생님 과연 그렇군요. 그렇기는 한데 어째서 우리에게 그것은 불가능한 것일까요? 이기심을 알고 극복하려고 하는데 어째서 불가능한 걸까요?

이치로 절박함이 없어서 그래요. 자신의 행동과 세상의 환경문제가 연결되어 있다고 느끼지 못하는 거지요.

모리시타 그러나 온난화로 바닷물의 수위가 높아져 섬이 가라앉는 나라도 있어요.

이치로 그거야 알지만, 자신이 전기를 아껴 쓰면 그것이 어떻게 되는지 눈에 보이지 않습니다.

나이토 솔직히 전기를 아끼고 물을 절약하여 쓴다고 달라지는 것도 없다고 생각해요.

톰 눈에 보이지 않는다는 것이 문제이군요.

이치로 너무 장대하니까요. 우주를 생각하는 것 만큼이나요. 따라서 감당하지 못하는 거죠.

선생님 현실감 없는 추상성이 환경문제의 발목을 잡는 요인 중 하나입니다. 따라서 이런 슬로건이 있습니다. '글로벌로 생각하고, 로컬로 행동한다.' 자신의 행동이 세계의 환경개선으로 이어진다는 상상력이 필요한 것입니다.

톰 그런 의미에서는 몇 년 전에 앨 고어가 『불편한 진실』이라는 책을 펴내고, 전 세계를 두루 다녔던 게 의미있었습니다. 환경문제를 시각화했거든요.

선생님 미국 정부가 비즈니스를 위해서 온난화의 진행을 숨긴다는 내용의 책입니다. 그는 이 활동으로 노벨평화상을 수상했습니다. 톰 씨가 말씀하셨듯이 의미 있는 활동으로 인정받은 것입니다.

나이토 그러나 이것도 미심쩍다고 말하는 사람이 있습니다. 『불편한 진실』뿐 아니라 온난화 자체에 대해서 의문시하는 목소리도 있어요. 지구의 주기적인 온도 변화의 일환이 아닐까 하고요.

선생님 환경문제를 기분 탓이나 계략이라고 말하는 사람도 있습니다. 과학적 근거를 제시하면서요. 그러나 그것이 절대적인 증거가 될 수 없습니다. 어느 누구도 그 점을 부정할 수 없습니다. 따라서 우리가 할 수 있는 일은 개연성에 근거하여 행동하는 것뿐입니다. 후회하기 전에 말입니다.

마를린 에너지를 낭비하지 말라는 둥, 물건을 아껴 쓰라는 둥, 그런 것은 과학적인 근거 따윈 없어도 충분히 잘 알아요.

'세대간 윤리'라는 발상

모리시타 당연한 일인데 모르는 사람이 있다니, 그것은 교육에도 문제 있는 게 아닐까요?

톰 지금이야 그렇지 않지만, 제가 클 때는 환경 교육 같은 것은 없었습니다.

이치로 하지만 주변 어른들이 가르쳐 주었습니다. 저희 할머니는 잔소리가 심해 늘 물건을 아끼라고 말했습니다. 그 말에 저도 순순히 따랐습니다.

선생님 'MOTTAINAI'아깝다'는 의미'는 케냐의 환경활동가 왕가리 마타이Wangari Muta Maathai가 사용하면서 유명해졌습니다. 본래 일본어인데 정작 일본인들은 그 장점을 깨닫지 못했습니다.

톰 환경문제는 꾸준한 계몽, 결국 깨우침이 열쇠입니다.

선생님 세계가 환경문제에 팔을 걷어붙이기 시작한 것은 생물학자 레이첼 카슨이 쓴 『침묵의 봄』이 출간된 이후입니다. 봄이 와도 작은 새들의 울음소리가 들려오지 않고, 벌레도 물고기도 사라졌습니다. 이상하다고 생각했더니 거기에 환경문제가 있었던 것입니다.

모리시타 알아차리지 못했다면 상황은 더욱 심해졌을 테지요.

선생님 그렇지요. 병처럼요. 또 자기 한 사람 정도일 것이라 생각했는데 실은 다들 똑같은 생각을 하고 있었고 문득 정신을 차리고 주위를 둘러보니 자원이 바닥나 있었다는 이야기도 있습니다. 생물학자 개럿 하딘Garrett Hardin의 『공유지의 비극The Tragedy of the Commons』입니다. 방목지를 다른 사람들과 공유했을 때 각자 자신의 소에게 가능한 한 많은 양의 풀을 뜯게 하려고 저마다 방목 횟수를 늘립니다. 그랬더니 어느 사이엔가 목초지가 황폐해졌다는 이야기입니다.

모리시타 각자 조금씩이었지만 그것이 60억 명이나 되면 엄청난 일이 되어버린다는 이야기네요.

선생님 그렇습니다. 기업이 버리는 많은 양의 폐기물에 눈길이 가기 마련이지만 우리 일상의 행위야말로 위협적입니다.

와다 환경문제가 활발히 논의되지 않는 또 한 가지 이유는 재미없기 때문입니다. 다이어트처럼 참고 줄이는 어려움만 부각됩니다.

톰 맞습니다. 인센티브가 없어요. 에코 포인트나 환경 감세가 있지만 좀 더 그런 것을 늘려갈 필요가 있습니다.

나이토 어려운 일은 게임처럼 하는 게 최고예요. 특히 어린아이들은 게임이라면 필사적으로 할 테니까요.

이치로 인센티브가 없으면 할 수 없다니…….

와다 저도 건강한 지구를 물려준 조상님들께 감사하고 있습니다. 그 마음이 좀처럼 환경보호 활동으로 이어지지 않는 게 문제이지만요.

선생님 아, '세대간 윤리'입니다. 결국 다음 세대를 위하여 건강한 자연을 남겨준다는 사고방식입니다.

이치로 그런 발상은 좋군요.

나이토 그런데 어째서 그런 의무가 있는 거죠?

와다 나이토 군도 자식을 낳으면 알게 될 거예요. 부모의 책임 같은 것을요.

선생님 한스 요나스Hans Jonas*는 이런 이유를 댑니다. 창시자이기에 져야하는 의무라고요. 요컨대, 생식 행위의 책임이 있다는 것입니다.

톰 아, 자식이나 손자를 위해서라고 생각하면 잘할 수 있을 것 같습니다.

나이토 저는 잘 모르겠어요.

한스 요나스(Hans Jonas, 1903~1993년) | 독일 출신의 실존주의 철학자. 현대의 기술 사회에서 발생한 윤리적 문제를 언급하곤 했다. 특히 '창시자이기에 져야하는 의무'를 근거로 미래 세대로의 의무를 말하는 '세대간 윤리'가 유명하다. 유대계였기 때문에 독일을 벗어난 팔레스타인이나 미국 등지에서 활약했으며 이스라엘의 독립 전쟁에도 참가했다. 저서로 『책임의 원칙』, 『주관성의 복권』 등이 있다.

'은덕'의 개념

선생님 그렇다면 이것은 어때요? 슈레이더 후레체트Shrader Frechette라는 미국의 환경윤리학자는 동양의 '은덕'의 개념에 주목합니다. 간단히 말하면, 할아버지가 자연을 남겨준 것에 대한 은덕을 자식이나 손자 세대에게 돌려준다는 의미입니다.

나이토 그건 조금 알 것 같아요. 저는 의리가 있거든요.

톰 그렇기는 해도 좀 전의 MOTTAINAI나 은덕을 비롯하여 동양 사상은 환경을 위하는 것 같습니다. 좋은 말이 이토록 많다니 자연을 정말로 소중히 여기네요.

선생님 그것은 동양의 보편적인 사고입니다. 서양은 자연을 극복해야 하는 대상으로 보았지만, 동양은 자연과 함께 살아왔어요.

와다 종교가 그렇습니다. 일본의 신도神道는 자연 숭배이고, 불교는 자연계와 인간계를 동등하게 봅니다. 그렇지요, 선생님?

선생님 그렇습니다. 바위나 나무라는 자연에 신이 깃들어 있다고 생각하는 '팔백만신八百萬神' 역시 그런 발상입니다. 불교의 '일체중생 실유불성一切衆生悉有佛性'이란 살아 있는 것은 모두 부처가 될 수 있다는 의미로 심층생태론에 가깝습니다.

톰 미국 친구들은 말하길 이곳에서는 생활 곳곳에 환경보

호의 지혜가 있다고 말합니다. 물을 뿌리거나 발을 쳐 뜨거운 햇볕을 가리거나……. 풍경도 그렇구요.

마를린 우리는 개개인으로 보면 의외로 환경에 대한 의식이 높은 것 같습니다.

선생님 바로 그 점입니다. 개인이 아무리 적극적으로 노력해도 국가 차원이 되면 이야기가 달라지는 것이 바로 환경문제입니다. 그러나 본래 국가 자체에 그럴 마음이 없으면 전혀 진전되지 않습니다. 그래서 국가의 책임에 대해서도 생각해 보고 싶습니다. 어떠세요?

이치로 한 국가만으로는 부족해요. 국제회의가 중요합니다.

선생님 환경문제의 역사는 국제회의의 역사이기도 합니다. 그래서 공통의 슬로건을 내걸었습니다. 그것은 철학입니다.

마를린 어떤 것이 있었죠?

선생님 '우주선 지구호'라거나 '지속가능한 발전'이라는 것이 있었습니다. 모두 환경문제에 힘쓰기 위한 세계의 공통 결의 같은 것입니다.

톰 단지 아무리 회의를 열어도 교토의정서 이후의 틀이 좀처럼 정해지지 않아 매년 뉴스가 됩니다. 결국 결렬되는 거지요.

이치로 그것은 중국이나 인도가 큰 책임을 져야 합니다. 경제가 성장했는데도 도상국이라는 이유를 대며 할 수 없다고 말하죠? 중국의 경우 지금은 세계 2위의 경제대국인데도 말입니다!

나이토　세계의 모든 국가가 동일한 책임을 가지는 것은 이상해요.

선생님　따라서 환경 국제회의에서는 '공통이지만 차이가 있는 책임'이라는 슬로건을 내겁니다.

톰　타당한 생각입니다. 일본도 선진국이지만 지나친 책임을 떠맡으면 경제성장이 억제됩니다. 더욱이 지금은 저성장 시대이니까요.

마를린　본래 환경문제는 지구적 규모의 문제이라서 국가 단위로 일을 처리하려는 관점은 무리라고 생각해요.

선생님　따라서 실제로 NGO나 NPO가 주도권을 쥐고 있습니다.

모리시타　국가도 아닌 단체가요?

선생님　최근에는 환경에 한하지 않고 유엔 의회에서도 NGO가 국가와 나란히 참가 자격을 얻기도 합니다. 특히 환경문제는 국경을 초월한 것이기에 국경을 초월한 집단이 주도권을 쥐는 것이 이치에 맞지 않을까요? 국가 방침을 좌지우지할 정도의 힘을 갖는 것은 조금 지나치다는 의견도 있습니다만.

톰　전 세계인들을 환경문제에 참여시키는 게 좋지 않을까요?

선생님 함께 어려움을 나눠가질 필요가 있습니다. 이기심을 버리지 않으면 환경보호는 실현할 수 없습니다. 자, 이번 주제는 이것으로 마치도록 하겠습니다. 이후 여러분이 살아가는 동안에 계속 생각해 보시길 바랍니다. 철학 문제에 끝은 없으니까요.

주제 12

정의는 누가 정하는가?

정의는 시대와 함께 변한다

선생님 이번에 우리가 이야기를 나눌 주제는 '정의는 누가 정하는가?' 입니다. 지금은 정의의 축이 흔들리는 시대이니 말입니다.

모리시타 그것은 국가가 결정합니다.

나이토 아니, 자신이 결정하는 거죠?

모리시타 그래도 법률은 국가가 결정합니다.

톰 그 법률을 결정하는 것은 국민입니다.

선생님 민주주의 국가는 그렇지요. 그러나 국민은 어떤 마음으로 법률을 만드는 것일까요?

와다 법률이라는 것은 심각한 일이 아니면 만들어지지 않죠? 하나의 법안을 성립하는 데도 국회에서 크게 옥신각신

하구요?

선생님 분명 여야의 대립을 상징하는 법안은 그렇지만 꽤 이상한 법률이 통과되기도 합니다. 그러나 와다 씨가 말씀하셨듯이 본래 심각한 일이 아니면 굳이 법률까지 만들지 않습니다. 대개는 윤리에 맡깁니다.

마를린 법률과 윤리는 어떤 관계에 있습니까?

선생님 윤리는 사람 사이에서의 규칙입니다. 그것은 임의의 것이고, 장소에 따라서 달라집니다. 그중에서 나라 전역에서 일률적으로 강제해서라도 지켜야만 하는 것은 법률이 됩니다. 단, 그 경우에도 국회의 심의를 거쳐 채택하고, 엄격한 절차를 거쳐 마침내 정해지기에 꽤 장벽이 높다고 할 수 있습니다.

톰 역시 법의 경우 정의의 기준은 국민들의 뜻에 근거한다고 말할 수 있겠군요. 적어도 형식적으로는요.

나이토 그래도 절대적이지는 않죠? 기준은 달라질 수 있으니까요.

선생님 법은 변천하니까요. 법이 개정되기도 하고 폐지되기도 하는데, 그것은 시대와 함께 정의의 기준이 바뀌기 때문입니다.

이치로 그렇다면 법이 잘못되었다고 결정하는 것은 최고재판소이기에 최고재판소가 정의를 결정합니다.

선생님 '법의 파수꾼' 입니다. 그래도 최고재판소의 위헌입법심

사권은 헌법에 따르는지 여부를 판단할 뿐입니다. 따라서 기준은 헌법입니다.

모리시타 누가 헌법을 만들었습니까?

선생님 메이지헌법은 흠정헌법으로 천황이 만든 것이지만, 현행 일본의 헌법은 민정헌법이기에 국민이라고 말할 수 있습니다.

모리시타 그렇다면 역시 국민이 정의를 판단한다고 말할 수 있군요.

이치로 실제로는 최고재판소입니다.

선생님 일본의 시스템은 잘 만들어져 있어서 최고재판소의 판사는 국민 심사에 회부되기에 국민의 의사도 일단 반영됩니다.

톰 삼권분립으로 권력이 분산되어 정의의 판단권자도 분산되어 있는 것입니다.

선생님 그렇습니다. 그리고 삼권분립이란, 국회가 국권의 최고기관이어서 국민의 판단이 최우선되는 것입니다.

톰 따라서 시대와 함께 정의도 달라지는군요.

종교와 독재 아래서의 정의

마를린 시대와 함께 달라진다는 것은 상식이 달라진다는 의미지요? 결국 사람들의 사고방식이 달라진다는 거지요?

선생님 그렇다고 볼 수 있습니다. 사람들의 사고방식이 달라지기에 법도 달라지지 않으면 안 됩니다.

모리시타 그것은 윤리도 마찬가지입니다.

선생님 윤리의 경우, 그 윤리가 문제 되는 집단 안에서 구성원의 사고방식이 달라지면 규칙도 바뀝니다. 법처럼요.

이치로 그렇다면 윤리도 법처럼 구성원이 정의를 판단하는군요.

선생님 맞습니다. 가족이라면 가족 구성원이, 지역이라면 지역 구성원이, 기업이라면 기업 구성원이 결정합니다. 소위, 공동체의 구성원이 결정하는 거지요.

나이토 좀 전에 자신이 결정한다고 말한 게 그런 의미에요. 단체가 아니라, 한 사람 한 사람이 결정하는 거예요.

톰 하지만 그 한 사람 한 사람이 공동체의 구성원이 되었을 때, 어떤 방식으로 정의를 판단할까요?

모리시타 종교 단체라면 간단하죠. 교리가 정해져 있으니까요. 교조의 말과 행동, 경전에 쓰인 대로일 테니까요.

톰 그것에 가까운 것이 독재입니다.

선생님 그런 식으로 정의가 짓밟히는 경우에는 고민할 필요는 없지요. 불만은 있을지 모르지만요.

나이토 저는 그것이 늘 이상했어요. 종교든, 독재든, 절대적인 정의를 강요받는 가운데 대체 어떻게 의문을 갖게 되는 걸까 하는 의문이요?

선생님 명백히 옳지 않은 사태에 맞닥뜨리게 될 때가 있습니다.

나이토 완전히 마인드 컨트롤당하는 게 아닐까요?

선생님 일부의 사람은 그럴지도 모릅니다. 따라서 교조나 독재자가 시키는 대로 사람을 죽이기도 합니다. 자폭 테러도 그럴 테고요. 하지만 모두가 그렇지는 없습니다. '뭔가 이상하다'고 의문을 가지기 시작하고 혁명을 일으키는 것입니다.

마릴린 '이상하다'고 의문을 가진다는 것은 스스로 정의를 판단하는 거지요?

선생님 그 사람이 갖춘 이성으로 판단하는 거지요.

와다 그것은 인간의 직감이 아닐까요? 감정에 기인하는 것 같은 데요.

선생님 좀 더 말씀해 주세요.

와다 예컨대 사람을 다치게 하는 일은 불쾌한 일로 명백히 옳지 않습니다.

선생님 쾌 · 불쾌로 정해진다는 말씀이세요?

와다 그렇습니다.

모리시타 저도 그렇게 생각합니다. 옳은지 아닌지 그것은 한 인간의 감정입니다. 따라서 공동체마다 정의의 기준이 다르다고 생각합니다.

인터넷 사회와 공동체

선생님 어째서 같은 공동체는 같은 감정을 가지는 것일까요?

모리시타 조건이 같으니까요. 지리적으로도, 역사적으로도, 문화적으로도 동일한 조건에 있습니다. 따라서 같은 감각이 되어 서로 이해하게 되는 거지요.

선생님 설득력이 있는 말씀입니다. 그럼 일단 정의를 판단하는 것은 자신이지만, 아마도 같은 마음일 거라고 생각하는 말씀인가요?

모리시타 그렇습니다. 의견이 맞지 않는 사람은 있겠지만요.

선생님 예컨대 일본인이라면 이 기분을 알 것이라는 거죠. 그 경우의 자신은 타인의 마음을 반영한 자신이라고 말할 수 있습니다.

나이토 그러나 그 자신이란 것이 정말로 자신일까요? 어떤 압력도 받지 않고 판단하는 것 같지만요.

선생님 좋은 질문입니다. 본래 그 공동체에 속하지 않았다면 또 다른 판단을 할지도 모른다는 말씀이지요?

나이토 네. 덧붙이자면 그러한 상태에서 판단해야 합니다. 아무런 압력도 없는 상태에서요.

마를린 지금 특별히 암암리에 판단이 강제되지는 않잖아요?

나이토 아니, 있을 수 있어요. 특히 일본 사회라면요. 그렇게 판단하지 않으면 안 될 것 같은 공기가 감돌아서 부지불식간에 그런 분위기에 휩쓸리는 거지요.

톰 으음, 알 것 같아요. 냉정히 생각하면 다른 판단을 할지도 모르니까요. 여론이 뜨겁게 달아오르면 왠지 그렇게 판단해야만 할 것 같지요.

나이토 특히 인터넷 안에서 그래요. 안 그랬다가는 공격받을지도 모르니까요. 다른 사람들과 같지 않으면 '뭐야, 이 사람은?' 이라는 묘한 분위기가 형성되거든요.

선생님 인터넷 사회는 다른 까다로운 문제를 안고 있습니다.

나이토 왜 그럴까요?

선생님 대화가 적기 때문이지요. 일방적인 의사표시가 많습니다. 트위터에 댓글이 수없이 달리는 것이 그 예입니다. 가령 채팅이 양방향으로 이뤄졌다고 해도 문자만을 주고받는 대화는 불완전합니다. 서로 상대의 뉘앙스까지 온전히 이해할 수 없습니다. 따라서 메일은 자주 오해를 받습니다.

나이토 그것은 부정할 수 없습니다.

선생님 일방통행하기 쉽습니다. 많은 이들이 커뮤니케이션을 하듯이 대국적으로 보면 전체적으로 같은 방향을 향해서 소리치는 일이 왕왕 있습니다.

마를린 SNS도 대화하는 것 같지만, 분명 닫힌 공간입니다.

선생님 밖에서 보면 동일한 의견을 가진 공통체입니다.

모리시타 트위터는 여러 의견이 실시간으로 게재되기 때문에 동일한 방향이라고는 말할 수 없어요.

선생님 전체로 보면 어떤 물결이 있지요? 그 물결이 같은 방향성으로 치우치는 것입니다.

톰 그래도 선생님, 인터넷 상에서 커뮤니케이션하는 도중에 냉정을 찾기는 어렵습니다.

선생님 인터넷의 경우는 보다 강한 도덕성이 요구됩니다. 정의를 판단하는 데 말이지요. 미디어를 읽어내는 능력 중 하나입니다.

정의를 둘러싼 논쟁

와다 그러나 인터넷이든 현실세계든 자신이 놓인 환경을 도외시하고 판단 같은 것을 할 수 있어요? 저는 그것도 포함하여 자신의 판단이라고 생각합니다.

선생님 그 논의는 그야말로 자유주의와 공동체주의의 대립입니다. 나이토 군이 말했듯이 자신이라는 것은 주위의 어떤 압력도 받지 않은 상태를 상정합니다. 그런 자신은 있을 수 없다고도 말할 수 있습니다. 우리는 늘 어떤 환경에 놓이고, 그 가운데서 지속적으로 영향을 받으며 살아가기 때문입니다. 사실 전자의 부담 없는 자신이 존 롤스John Rawls* 로 대표되는 자유방임주의자가 생각하는 자기 이미지입니다. 그것에 비해 후자의 부하負荷가 있는 자신은 마이클 샌델로 대표되는 공동체주의의 자기의 이미지입니다.

이치로 부하가 없는 자기라는 것은 가공의 설정입니까?

선생님 그렇습니다. 실제로는 그런 일은 있을 수 없기에 사고실험으로 하는 것입니다. '만일 자신이 주위의 영향을 받지 않고 판단한다면' 하는 가정입니다. 존 롤스는 그러기 위해서 '무지의 베일'이라는 개념을 내놓았습니다. 자신에 관한 정보가 차단되는 베일을 뒤집어쓰면 어떻게 판단할지를 묻는 것입니다.

마를린 그렇군요. 그런데 어느 쪽 입장이 옳은가요?

선생님 이론상으로는 양쪽 다 성립하기 때문에 어느 쪽이 옳다고는 말할 수 없습니다. 그 증거로 두 가지 모두 '정의'라는 말을 사용합니다. 자신은 어느 쪽이 납득되는가 하는것입니다. 저도 개인적으로는 마이클 샌델이 말하듯 인간은 그런 추상적인 존재가 아니라고 생각하기에 공동체의 영향을 받은 자기가 본래의 자기라고 해도 좋다는 생각입니다.

존 롤스(John Rawls, 1921~2002년) | 미국의 정치철학자. 하버드 대학교 교수. 공리주의를 비판하고 민주주의 사회의 기본원리로서의 윤리학을구상. 아리스토텔레스 이후의 정치철학의 복권을 꾀한 인물이라고 평가받는다. 특히 명저 『정의론』에서는 자유롭고 평등한 개인이 사회제도의 규칙을 만들고 격차를 바로잡고 공정을 실현하는 방법을 제안한다. 그 이후 정의를 둘러싼 온갖 주장 혹은 자유방임주의의 논쟁의 중심이 되었다. 저서로 『정치적 자유지상주의』, 『만민의 법』 등이 있다.

이치로 그 두 가지를 구별함으로써 정의가 달라질까요?

선생님 네. 샌델에 의하면 원래 부담이 없는 자기로는 사물을 제대로 판단할 수 없습니다. 예를 들어 인공중절에 대하여 생각해보지요. 일본에서는 그리 큰 문제는 아니지만, 미국에서는 대통령 선거의 쟁점이 될 만큼 큰 문제입니다. 부담 있는 자기는 그 사회의 가치관을 토대로 판단합니다. 결국 가톨릭의 생명을 중요시하는 입장에서 보면 인공중절은 옳지 않다는 결론이 됩니다. 그런데 부담 없는 자기라면 어떻게 판단하면 좋을지 모릅니다.

이치로 결국 도덕적인 논의를 하지 않으면 결론은 나지 않는다는 것입니까?

선생님 네. 무엇이 선인지를 피하고서는 판단할 수 없습니다. 그리고 무엇이 선인지를 논의할 때 자신이 놓인 공동체의 가치관을 언급하지 않을 수 없습니다.

톰 인간을 어떤 존재로 생각하는가 하는 것이군요.

선생님 정의를 판단하는 것은 인간 존재의 의미로 거슬러 올라갈 것을 요구합니다. 그럼 이번 주제에 대해서는 이즈음에서 마무리하겠습니다. 앞으로 여러분이 인생을 살아가는 동안에 이 문제에 대하여 좀 더 생각해 보시길 바랍니다. 철학 물음에 끝은 없을 테니 말입니다.

제5장

행복을 철학한다

왜 사람마다 행복의 기준은 다른가?
인간은 고독에 견딜 수 있는가?
인간은 어떻게 죽음을 받아들이는가?
신은 존재하는가?
인간이란 무엇인가?

주제 13

왜 사람마다 행복의 기준은 다른가?

인간은 어떠한 때에 행복을 느끼는가?

선생님　이번에 우리가 이야기 나눌 주제는 '왜 인간에 따라 행복의 기준은 다른가?' 입니다. 먼저 어떠한 때에 여러분은 행복감을 느끼는지 들어볼까요?

마릴린　지갑에 1만 엔짜리 지폐가 있을 때요.

톰　단순하군요. 저는 자유로운 시간이 있을 때예요.

나이토　저는 하고 싶었던 일을 할 때예요.

선생님　재미있군요. 어째서 이리도 다를까요?

와다　그것은 살아온 인생이 다르기 때문입니다.

선생님　분명 금전적으로 어려움을 겪어 온 사람은 돈이 기준이 될 테고, 시간이 없었던 사람은 그것이 기준이 될 테지요.

모리시타　이상한 것은 그렇게 사람마다 행복의 기준이 다르다면 행복한 사회는 만들 수 없는 것 아닌가요? 모두가 행복한 사회는 불가능하지 않을까요?

이치로 최대공약수로 사회를 만들 수 있습니다. 정치가는 말로는 국민 모두가 행복해질 수 있다고 말하지만, 실제로는 모두가 행복할 수 있다고는 생각지 않습니다. 어디까지나 최대공약수의 사람이 행복해지는 것입니다.

톰 '최소 불행 사회'라고 말하는 정치가도 있지만, 같은 말인가요? 모두가 행복해지는 것은 불가능하다는 것을 전제로 하니까요.

와다 씁쓸하네요. 솔직한 것일지는 모르겠지만요.

나이토 모든 사람의 행복은 정말로 불가능할까요? 각자의 행복의 기준이 다르다고 해도 그것을 각기 만족시켜주면 되지 않을까요? 이론상으로는 가능할 것 같은데요.

선생님 분명 국가 예산이 무한대로 있어 국민 각자의 꿈을 실현할 수 있다면 말입니다.

마를린 비록 그것이 어렵다고 해도 일단은 행복한 사회라고 말할 수 있지 않을까요?

모리시타 예를 들어주세요.

마를린 모두가 행복하다고 느끼는 최저한의 조건이 갖춰지면 그것은 행복한 사회라고 말할 수 있을 거예요.

선생님 좋은 말씀입니다. 여러분은 어떤 조건이 갖춰지면 행복한 사회라고 말할 수 있을까요?

나이토 어느 정도 경제적으로 풍요롭고, 평등하고, 평화로우면 되지 않을까요?

모리시타 저는 모두가 건강한 것도 중요할 것 같습니다.

톰 역시 운동선수다운 의견입니다. 저는 거기에 좋은 인간관계를 덧붙이고 싶네요. 서로 돕고 애정이 가득한 사회 말입니다.

선생님 마를린 씨는 어떠세요?

마를린 거의 여러분과 같은 생각인데, 거기에 한 가지 덧붙이면 희망을 가질 수 있는 사회였으면 합니다.

이치로 결국 그런 건 최소 불행 사회와는 다른가요?

마를린 그리 다르지 않을지도 모르지만, 최소 불행 사회라는 말보다 적극적으로 느껴집니다.

행복의 나라, 부탄

선생님 지금 여러분이 말해주신 사항은 분명 행복의 절대적 기준이 될 것입니다. 그것조차 없는 사회는 불행한 사회이니까요. 평화가 위협받거나 평등하지 않거나 말입니다.

톰 분명 부탄은 행복 지수가 가장 높은 국가라고 들었는데, 그것도 지금 우리가 말한 지표를 근거로 측정한 것이겠지요?

선생님 '국민 총행복량' 정책입니다. 네 개의 축이 있습니다. 지속가능하고 공평한 사회 · 경제개발, 자연환경의 보호, 유형 · 무형 문화재의 보호, 좋은 정치입니다. 최대 포인트는 경제개발만이 유일한 가치가 아니라는 것을 선언하고 실천하는 점이 아닐까요?

모리시타 국가가 그런 가치관을 설정하는군요.

나이토 따라서 국민이 행복을 느끼려면 국가에 의한 가치관의 강요가 필요합니다.

톰 그것을 강요라고 여겨야 할지, 공동 합의로 봐야 할지 모르겠습니다. 부탄의 국민이 만족한다면 그것으로 좋겠지요.

마를린 특별히 나쁜 일이 아니니 처음에는 강요받는다고 해도 그것을 행복으로 느낄 수 있다면 그것도 행복이라고 말할 수 있겠지요.

선생님 지금 전 세계가 부탄을 주목하고 있습니다. 부탄의 정책을 둘러싸고 국제회의도 빈번히 열리고 있습니다.

이치로 그런데 행복에 관한 학문은 없습니까?

선생님 있습니다. 예전에 신문에서 본 적이 있는데 '행복학'의 제1인자로 네덜란드의 연구자가 소개되었습니다. 그것에 의하면 행복의 조건은 부富, 민주주의, 좋은 정부라고 합니다.

이치로 좋은 정부는 부탄의 정책과 통하는군요.

선생님 생활상을 결정하는 것은 정부입니다. 정부가 정말로 국민을 위해 진지하게 일해 준다면 기본적으로는 행복하지 않을까요? 경제도, 복지도, 교육도, 문화도, 모두 정부가 하기 나름이니까요. 단, 그것이 가장 어려운 일이지만요.

나이토 어째서 정부는 국민의 행복을 생각하지 않는 걸까요? 그 때문에 존재할 텐데요.

선생님 생각이야 하겠지만, 좋은 사람들만 모인 것도 아니고 권력 유지가 목적이 되기도 하지요. 제 몸 하나 지키기 위해 내달리기도 하지요.

마를린 부탄은 놀랍게도 그런 일을 하지 않네요.

선생님 국왕은 선거로 선출될 필요가 없으니까요.

마를린 왕에게 통치받는 게 좋을까요?

선생님 좋은 왕을 만나면요.

톰 그것이 어려워 민주주의를 선택한 거지요.

와다 지금까지 행복의 절대 기준은 돈이라고 생각했는데, 아니네요.

선생님 분명 돈이 있으면 이 세상의 거의 모든 일을 할 수 있을 겁니다. 그러나 가장 큰 문제는 간단히 돈을 손에 넣을 수 없다는 사실입니다. 넣었다 해도 곧 사라집니다. 그런 것을 절대 기준으로 삼는다면, 세상의 많은 사람들이 불행해질 것입니다.

행복의 상대성

나이토　그렇다면 간단히 손에 넣을 수 있고 곧 사라지지 않는 것을 절대적인 기준으로 삼는다면 모두가 행복하지 않을까요?

선생님　그렇습니다. 저는 지식을 얻는 기쁨이 모두를 행복하게 만들 것이라고 생각합니다. 왜냐하면, 지금 세상은 도서관이나 인터넷에 의해 지식은 간단히 손에 넣을 수 있기 때문입니다. 게다가 바닥이 드러나지도 않지요. 이것이 행복의 절대 기준이 된다면 틀림없이 좋은 세상이 될 것입니다.

톰　일단 있을 수 없는 일이지만요.

나이토　아는 기쁨 외에도 행복은 얼마든지 있습니다. 달콤한 초콜릿만 있으면 행복하다, 좋은 와인만 있으면 행복하다는 말을 듣기도 합니다만.

톰　그것은 비유죠? 정말로 초콜릿이나 와인만으로 행복할 수 있어요?

선생님　물욕은 사라지지 않으니까요. 그러하기에 행복의 기준은 달라집니다.

와다　그래도 사람에 따라 기준이 다른 것이 나쁘기만 한 것은 아닙니다. 적은 양으로 만족할 수 있다면 더 좋고요.

선생님　그렇습니다. 복지와 관련된 일을 하는 지인의 경우는 평소에 몹시 불우한 사람들과 만나는 탓인지 행복의 기준이 매우 낮아졌다고 말합니다. 결국 약간의 행복감으로 만족할 수 있게 되었다는 것입니다.

톰 불우한 사람을 TV 방송에서 보면 순간적으로 '아직 나는 행복하구나!' 하는 생각이 절로 듭니다.

선생님 그렇죠. 그것이 '행복의 상대성' 입니다. 어째서 이런 식으로 생각할 수 있느냐 하면 인간의 존재가 우연성에 기인하기 때문입니다. 어떤 처지에 태어나는가, 인생을 살아가다 어떤 일을 겪는가, 이 모든 것은 우연에 맡겨집니다. 그런 삶 속에서 우연하게 주어진 운명을 받아들이기 위해서는 행복의 기준이 상대적이지 않으면 살아갈 수 없습니다. 최고의 것을 손에 넣어야만 만족한다면 세상은 온통 불행한 사람들만 있을 테니까요.

와다 뒤집어 말하면 모두가 행복해질 수 있다는 의미이기도 하군요?

선생님 그렇게 생각할 수도 있습니다. 기준이 사람마다 제각기 다르니까요. 저는 언제나 프랑스의 철학자 알랭Alain* 의 예를 드는데, 그에 의하면 행복은 정말로 간단한 것입니

알랭(Alain, 1868~1951년) | 프랑스의 철학자 · 문필가. 본명은 에밀 샤르티에. 리세(고등중학교)의 철학교사. 낙관주의로도 평가받지만, 단순한 낙관주의가 아니라 행복을 원한다면 그것을 얻기 위한 능동적인 태도를 전제로 한다. 일반인이라도 이해할 수 있는 쉬운 말로 엮은 문장이 특징이다. 오랜 세월에 걸쳐 신문에 어록(propos) 형식의 단문을 게재했다. 이것은 엽서 1장, 2쪽에 적을 수 있는 단편을 말한다. 저서로 『행복론』, 『예술론』, 『해변의 대화』 등이 있다.

다. 소위 '마음먹기'에 달렸다는 것입니다.

모리시타 예를 들면 어떤 것입니까?

선생님 알랭은 '행복이란 마음의 문제'라고 말합니다. 울적해 있으면 불행해지고, 밝게 있으면 행복해진다는 거지요.

모리시타 하지만 그저 밝게 행동하면 된다는 것은 아니지요?

선생님 물론 적극적으로 행복해지기 위해 노력할 것을 권하지만, 특별한 행동을 요구하는 것은 아닙니다.

톰 따라서 마음의 문제라는 것은 자신의 마음을 제어할 수 있다면 그것으로 행복해질 수 있다는 말이군요.

마를린 늘 불우한 사람의 모습이 담긴 비디오를 보면 되는 건가요?

톰 어떤 의미에서는요.

선생님 인간은 좋은 것도 나쁜 것도 쉽게 망각하는 생물이니 그것도 효과적일지 모르겠군요.

행복은 언제 측정하는가?

이치로 부모나 학교 교육도 분수에 맞는 생활에 만족할 수 있도록 매일 교육합니다.

선생님 교육은 여기서도 중요한 역할을 맡습니다.

이치로 저희 집은 아이에게 절약을 가르쳤습니다. 사치스러우면 아이가 불행해지니까요. 적은 양으로는 결코 만족하지 못할 테니까요. 그래서 어릴 적에는 원망도 많이 했는데 지금은 오히려 고마워합니다.

나이토 늘 생각하는데 그렇게 작은 행복으로 만족할 수 있는 사람이 진짜로 행복할까요?

톰 주관적으로는 행복하겠죠.

나이토 진심으로 그렇게 생각한다면 그렇겠지요. 하지만 마음 어딘가에 참고 견디려는 마음이 있다면 그것은 진정한 행복이 아닐 것입니다. 행복이라고 믿을 따름이지요. 진심으로 행복하다고 생각하는 경우에도 객관적으로는 그렇게 생각되지 않습니다.

톰 객관적이라는 말은 성립되지 않아요. 사람은 각자 다르기에 비교하게 되니까요.

선생님 결국 '그래서 어떻게 생각하는가' 입니다. 남과 비교하여 열등하다고 해도 자신만 만족한다면 행복하다고 할 수 있습니다. 만일 그렇게 생각할 수 있다면 틀림없이 모두 행복해질 것입니다. 단, 타인을 알게 되면 안 됩니다. 돌연 자신이 불행히 보이니까요.

모리시타 그러지 않기 위해서는 어떻게 하면 좋을까요?

선생님 자신의 기준이 달라지지 않으려면 어떻게 해야 할까요? 마음을 강하게 먹고 휘둘리지 않도록 노력할 필요가 있습니다. 남을 부러워하는 사람이 되어서는 안 됩니다. 그런 타입이 가장 불행해집니다. 위에는 또 위가 있기에 끝이 없습니다.

와다 제 주변에도 있습니다. 주부 중에 그런 사람이 많아요. 저 역시도 그렇지만, 가급적 주위를 돌아보지 않으려고 합니다.

나이토 은둔자인가요?

와다 그럴 리가요. 단지 저는 '나는 나'라는 생각으로 살아가려고 합니다.

선생님 바람직한 일입니다. 흔들리는 사람은 자신의 기준이 분명하지 않습니다. 사람에 따라 행복의 기준이 다른 것은 어떤 의미에서 마음을 흐트러뜨리지 않고 살아가기 위한 지혜일지도 모릅니다.

나이토 그렇다면 행복한 인생이란 언제 판단하는 것일까요?

마를린 그러고 보면 그래요. 일생을 평균을 낼 수 있는 것도 아닐 테고요.

톰 사람이 행복한 인생을 보냈다고 말하는 건 보통 임종 때가 아닐까요?

선생님 프랑스에 이런 잠언이 있습니다. '멋진 하루는 저녁이 되어야 안다.' 행복한지 여부는 마지막에 어떻게 느끼는지에 달렸습니다.

이치로 결국 '종합적으로 어떤가'하는 것입니다. 물론 끝이 좋으면 모든 것이 좋다는 말이 있듯 마지막이 중요합니다.

선생님 분명히 우리는 이제까지 그런 가치관으로 노후를 설계

해왔습니다. 노년생활을 얼마만큼 안정된 상태에서 지낼 수 있는가? 복지의 대부분도 노후에 맞춰져 있으니까요.

나이토 그것도 사람마다 제각기 달라요. 저는 젊을 때 행복한 것이 좋습니다.

선생님 지금은 그런 가치관을 가진 사람이 증가하고 있습니다. 따라서 아동 수당이나 교육 지원 등 인생 전반기의 사회보장제도를 강화할 필요성이 있다며 소리 높여 주장합니다. 사회가 변화하면서 동시에 행복의 기준도 달라지는 것입니다. 자, 이번 주제에 대해서는 이즈음에서 마치도록 하겠습니다. 앞으로 여러분이 각자의 인생을 살아가는 동안에 이에 대하여 계속 생각해 주시길 바랍니다. 철학 문제에 끝은 없으니까요.

주제 14

인간은 고독에 견딜 수 있는가?

인간은 정말로 약한 존재인가?

선생님 이번 우리가 이야기를 나눌 주제는 '인간은 고독에 견딜 수 있는가?' 하는 것입니다.

모리시타 지금 저는 부모님과 떨어져 혼자 생활하고 있어서 외로울 때도 많습니다. 그래도 친구가 있어서 잘 지내고 있는데, 고독하다면 견딜 수 없을 것 같아요.

나이토 저는 아무렇지 않을 것 같아요.

톰 하지만 그 처지에 놓여 있지 않으면 모르는 겁니다. 저도 아마 견디지 못할 거예요.

이치로 본시 인간은 혼자서 살아가도록 만들어지지 않았으니까요. 형무소에서도 독방에 갇히는 것이 가장 힘들다고 하잖아요.

선생님 왜 그럴까요?

이치로 불완전한 존재이기 때문이 아닐까요?

모리시타 육체적으로요?

이치로 한 가지 이유는 될 거예요. 어느 정도 성장하면 괜찮겠지만, 유소년기나 반대로 고령화된 이후가 문제일 거예요. 인간은 동물과는 다릅니다. 동물은 고독해도 되죠? 다른 한 가지는 정신적인 면이에요. 무슨 의미인지 알죠?

모리시타 저는 알아요. 인간의 마음은 그리 강하지 않으니까요.

선생님 왜 강하지 않을까요?

톰 긴파츠[金八] 선생님[국민 드라마 '3학년 B반 긴파츠(金八)선생'의 주인공]에 의하면, 사람 인[人]이라는 글자는 원래 사람이 서로 기대고 있는 형상이라고 합니다. 결국 서로 의지하지 않으면 안 된다는 마음이 담겨 있는 거지요. 그런데 '왜?'라고 물으시면 좀 대답하기 어렵습니다.

마를린 누군가와 살아가기 위해서가 아닐까요? 인간 사회에는 많은 사람이 존재합니다. 그런데 모두가 타인을 필요로 하지 않는다면 함께 살아갈 수 없습니다. 경우에 따라서는 서로를 죽일지도 몰라요. 따라서 신이 혼자서는 살아갈 수 없는 약한 마음을 만든 게 아닐까요?

선생님 왠지 로맨틱한 해설이군요. 마르크스Karl Heinrich Marx*는 인간을 '유적 존재類的存在'라고 말했습니다. 자기와 타자와의 관계성 속에서 살아가는 집단적인 생물이라는 의미입니다. 또한 일본의 철학자 와츠지 데츠로和辻哲郎**는 '간병적 존재間柄的 存在, 인간은 늘 사람과 사람 사이에서 존재한다는 의미'라고 표현합니다. 본래 인간이라는 것은 사람과 사람 사이에서 비로소 존재하는 간주관적間主觀的인 존재인 것입니다. 그 이유는 어쩌면 마를린 씨가 말한 대로일지 모릅니다.

이치로 아니, 어쩌면 그 반대일지도 모릅니다. 많은 인간이 늘 존재하기에 약해져버린 것은 아닐까요? 기대면 되니까요. 인간은 본능적으로 편한 쪽으로 흘러가게 마련입니

칼 마르크스(Karl Heinrich Marx, 1818~1883년) | 근대 독일의 철학자 · 경제학자. 사회의 역사는 계급 투쟁의 역사이고, 그 투쟁이 자본주의를 붕괴시키고 혁명에 의한 노동자 계급의 승리를 가져온다고 주장했다. 자본주의의 구조를 과학적으로 해명하는 과학적 사회주의 사상을 낳았다. 절친 엥겔스의 지원을 받으면서 대영박물관에 틀어박혀 연구에 몰두했다. 인간소외로부터의 해방을 목표로 하는 '마르크스주의'를 확립하고, 후세에 큰 영향을 미쳤다. 저서로 『공산당선언』, 『경제학 · 철학초고』, 『자본론』 등이 있다.

와츠지 데츠로(和辻哲郎, 1889~1960년) | 일본의 철학자 · 윤리학자. 사람과 사람의 관계성을 의미하는 '간병적 존재'로서의 인간에 주목하고 거기서 '인륜(人倫)'이라는 공동체 윤리를 주창했다. 이것을 '와츠지 윤리학'이라고 말한다. 또한 문화사 연구로도 유명하여 불상을 문화사적 관점에서 보고 풍토를 문화형성의 조건으로 봄으로써 참신한 문화비교를 했다. 이로 인해 일본사상과 서양철학의 융합에 성공했다는 평가를 받고 있다. 저서로 『윤리학』, 『고찰순례』, 『풍토』 등이 있다.

다. 본래는 혼자서 살아갈 수 있도록 만들어져 있는데, 많은 인간 속에 살게 되면서 약해져 버린 거죠.

선생님 그렇게 생각할 수도 있겠네요. 혼자라면 스스로 강해져야 하지만, 누군가와 있으면 무심코 안심하고 남에게 의지하려고 하니까요.

톰 그렇게 생각하면 인간에게 타자라는 존재가 굉장히 중요한 것처럼 생각됩니다.

무인도로 흘러든다면……

선생님 그렇습니다. 이번에 우리가 이야기를 나누는 주제도 타자론입니다. 타자란 무엇일까요? 이에 대해서는 어떻게 생각합니까?

와다 자신을 되돌아보게 하는 존재입니다. 남의 의견을 듣고 비로소 깨닫게 되는 것도 많으니까요.

이치로 '남을 보고 자신의 행동을 고쳐라'는 말도 있을 정도이니까, 거울입니다.

선생님 또 다른 자신이라고 말하는 사람도 있습니다. 독일어에서 타자라는 단어는 '또 다른 하나의'라는 의미를 가지고 있습니다.

마를린 때로는 타자가 자신 이상으로 중요할 때도 있죠?

선생님 그거 재미있는 말이군요. 예를 들면 어떨 때요?

마를린 자기중심적으로 생각해서는 안 된다고 말할 때는 타자가 중시되어야 한다는 의미가 아닐까요?

선생님 그렇군요. 레비나스가 그런 말을 했습니다. 앞에서도 소개했지만, 그는 타자의 존재를 매우 중시했습니다. 왜냐하면 무슨 일이든 자기중심적으로 생각하는 것은 위험하기 때문입니다. 나치의 경험도 영향을 미쳤지만, 여하튼 타자만이 자신을 규정한다고까지 말합니다. 그리고 거기서 타자에 대한 무한의 책임을 이끌어냅니다.

톰 무한의 책임?

선생님 결국 아무것도 하지 않아도 우리는 타자에 대하여 비대칭적인 책임을 짊어진다는 것입니다.

톰 지나친 생각이 아닐까요?

선생님 하지만 자신이 존재하는 것만으로 타자에게 어떤 폐를 끼친다고 생각할 수 있습니다.

와다 반대로 자신의 존재 덕분에 타자가 마음의 치유를 받기도 하지요?

선생님 그런 생각도 가능합니다. 여하튼 타자의 존재는 불가결한 것입니다. 사고실험을 해볼까요. 만일 자신이 바다에 표류하다가 무인도에 닿았다면 어떻게 될 것 같습니까?

모리시타 미칠지도 몰라요.

마릴린 죽을지도 몰라요.

나이토 동물과 친구가 될지도 모르지요.

선생님 그것도 하나의 방법이겠군요. 외로울 때 사물에 말을 건네는 사람도 있으니까요. 그런 것에 익숙해지면 타자도 필요 없지 않을까요? 그리고 고독에도 견딜 수 있지 않을까요?

선생님 그 말씀은?

이치로 그러니까 결국 타인이라는 것은 어쩌면 자신과 그리 다르지 않은 존재가 아닐까요.

선생님 중요한 지적입니다. 사실, 역사상 철학자들도 같은 의문을 가지고 있었습니다. 후설Edmund Husserl* 이라는 사람은 '등근원성等根源性'이라는 말로, 타자와 자신은 원래 같은 존재라고 생각했습니다. 그리고 메를로 퐁티Maurice Merleau Ponty도 그랬습니다. 타자와 자신의 일체성을 주장했던 것입니다. 그런데 앞서 나온 레비나스는 타자라는 것은 절대적으로 다른 존재라고 주장합니다. 물론 개념 이야기라 어느 쪽이든 취할 수 있지만요.

에드문트 후설(Edmund Husserl, 1859~1938년) | 근대 독일의 철학자. '현상학'의 창설자. 현상학이란 객관적인 대상을 주관적인 인식이 어떻게 파악하는 지를 고찰하는 학문이다. 사물을 올바르게 이해하기 위해서 일단 판단정지(epoche)를 행하고 그러는 가운데 의식 안에 나타난 것만을 그리려고 한다. 이것을 '현상학적 환원'이라고 말한다. 후설의 제자 하이데거와는 현상학의 정의를 둘러싸고 관계가 멀어졌다. 저서로 『데카르트적 성찰』, 『유럽 학문의 위기와 선험적 현상학』 등이 있다.

현실의 무연 사회(無緣社會)를 어떻게 생각하는가?

톰 가령 이치로 씨나 후설처럼 자신과 타자를 같다고 생각한다면 분명 고독은 사라질 것입니다. 자신만 있으면 되니까요. 반면 레비나스처럼 생각하면 타자는 반드시 있어야 하는 존재가 되기에 고독을 느끼지 않을 수 없습니다.

나이토 하지만 자신만 있으면 된다고 말하는 사람은 곁에서 보기에 외로운 사람이 아닌가요?

마를린 저도 그런 인상을 받았습니다. 강한 사람이라기보다 외로운 사람처럼 보여요.

선생님 본인은 신경 쓰지 않아도요?

마를린 인간답지 않아요. 반에도 그런 아이가 있었어요. 쉬는 시간에 아무와도 말하지 않고도 태연했어요. 오히려 우리가 방해하면 안 될 것 같아서 말을 걸 수가 없었다니까요. 결국 그 아이는 내내 혼자였어요.

선생님 그렇군요. 본인은 고독하지 않지만, 주위 사람은 그것을 고독하게 본다는 것이군요.

톰 그것은 혼자면 고독할 것이 분명하다는 전제로 보기 때문이죠? 하지만 신경 쓸 필요 없지 않아요? 본인이 좋다면요.

와다 지금 무연 사회저출산 · 고령화, 독신 가정의 증가 등의 이유로 인간관계가 약해져가는 사회라고 하잖아요. 누구와도 교류하지 않고 지내다가는 고독하게 죽어갈 걸요. 고령자뿐 아니라 젊은 사람 중에도 그런 사람이 많아서 다들 고민이라고 TV에서도 특집으로 다루고 있어요.

톰　따라서 그런 식으로 본인이 어려움을 겪는 경우에는 마음을 써줘야지요.

와다　저는 현실이 무연 사회이기에 가령 본인은 신경 쓰지 말라도 해도 어떻게든 도와줘야 한다고 생각해요.

마를린　맞아요. 저도 그렇게 생각합니다.

선생님　결국 같은 사회의 한 일원으로서 무연 사회에 사는 고독한 사람을 방치해서는 안 된다는 것이군요. 가령 그들이 고독하다고 느끼지 않는다고 해도 오히려 그것을 이상하다고 말하는 거죠.

이치로　좀 참견이 심한 거 아닐까요? 혼자서도 괜찮다고 한다면 그냥 내버려둬도 좋을 텐데요.

와다　마를린 씨가 좀 전에 학급에 그런 아이가 있었다고 했지만, 그 아이를 방치하는 것은 좀 이상하지 않아요? 아이들을 가르치는 교사로서 톰 씨는 어떻게 생각하세요?

톰　교사 입장에서는 어떻게든 도와줘야 한다고 생각합니다. 급우들과 다 함께 어울려야 하니까요.

선생님　흥미로운 논의네요. 고독에 견딜 수 있는 사람이 있는데, 그것은 이상하니 서로가 의지하는 틀 안으로 들어오게 해야 한다니요.

톰　하지만 그것은 일본적인 발상입니다. 제가 유학 중에는 다양한 아이들이 있었습니다. 일본인은 곧 무리를 짓지만, 서구인은 독립심이 강해서 개인행동을 했습니다. 그 차이도 있을 거예요.

모리시타　서구인은 고독에 강한가요?

선생님　단정할 수는 없습니다. 기독교에 의지하거나 심리치료사를 찾으니까요.

톰　개인주의라서요. 일본인의 나쁜 점은 고독과 개인주의를 동일시한다는 거예요. 개인주의의 발상이 없다면 혼자 행동하는 모습을 그저 고독하게 보고 동정합니다.

마를린　그럴까요. 그럼 제 반 친구도 어쩌면 개인주의였을지도 모르겠네요.

톰　바로 그거에요.

선생님　그렇다면 무연 사회의 이야기로 돌아가 볼까요?

톰　그것은 개인주의가 아니지요. 따라서 손길을 내밀 필요가 있어요.

와다　이제 알겠네요.

자신의 고독과 타자의 고독

선생님　여기서 눈여겨볼 것은, 사람은 타인의 고독에도 견딜 수 없다는 점입니다. 그것은 자신이 고독에 견딜 수 없는 것과 같은 이유 때문일까요?

나이토 자신이 고독에 견딜 수 없는 것은 처음에 말했듯이 인간의 불완전성에서 비롯됩니다.

선생님 그것은 인간의 본질에 근거합니다.

나이토 그런데 타인의 고독에도 견딜 수 없다는 것은 동료 의식 같은 것이 아닐까요?

선생님 동료 의식이요?

모리시타 그것은 앞에서 나왔던 공동체의 미덕일지도 모릅니다.

선생님 결국 자신이 고독에 견딜 수 없는 이유와 타인이 고독에 견딜 수 없는 이유는 다르다고 생각하는 것인가요?

마를린 하지만 왠지 같은 것 같아요.

톰 같은 고독에 대한 이야기니까.

선생님 자신이 고독에 견딜 수 없는 것은 혼자인 게 싫기 때문이었습니다. 좀 전에 나이토 군은 그것을 불완전성이라 표현했지요. 그리고 타인이 고독에 견딜 수 없다는 것은 동료 의식 때문이라고 했습니다. 잘 생각해 보면 혼자는 싫으니 너도 함께하자는 마음입니다. 그렇다면 역시 '혼자는 싫다'는 점에서 같은 것이 아닐까요?

마를린 '혼자가 싫다'는 것을 철학적으로 표현하면 어떻게 될까요?

선생님 좀 전에 마르크스의 유적 존재나 와츠지 데츠로의 간병적 존재도 좋지만, 혼자가 싫다는 말의 '싫다'에 주목하면 좀 더 다른 표현이 좋을지도 모릅니다. 예컨대 '공존재성共存在性' 같은 말은 어떨까요?

나이토 좀 딱딱해요.

마를린 선생님에게 퇴짜 놓는 거예요?

선생님 괜찮습니다. 익숙한걸요. 여러분도 좋은 표현을 한 번 생각해 보세요.

이치로 그러나 인간은 태어날 때도 혼자고 죽을 때도 혼자라고 하지만 거짓말이에요.

톰 그것은 죽어갈 때의 외로움을 달래기 위한 위로 같은 거니까요.

모리시타 태어났을 때 축복받고 죽을 때도 보통 간병을 받습니다.

마를린 그것이 공동체에 사는 인간의 모습입니다.

와다 그런데 무연 사회라는 현실이 있어요.

선생님 따라서 사회는 지금 그 현실과 싸우고 있습니다. 사람은 고독에 견딜 수도 있지만 견디고 싶지 않다고 대답할지도 모릅니다. 원래 그런 상황을 만들어서는 안 된다는 것이지요. 그럼, 이번 주제는 이즈음에서 마무리 짓겠습니다. 앞으로 여러분이 각자의 인생을 살아가는 가운데 계속 생각해 보세요. 철학 문제에 끝은 없으니까요.

주제 15

인간은 어떻게 죽음을 받아들이는가?

죽음을 받아들이는 과정

선생님 이번에 우리가 이야기를 나눌 주제는 '인간은 어떻게 죽음을 받아들이는가?' 입니다. 어떤 의미에서 인간에게 가장 큰 시련이라고 할 수 있습니다. 이전에 초·중등학생들에게 질문을 받은 적이 있습니다. 뭐든 대답해 주겠다고 말했었지요. 그 가운데 가장 많았던 질문은 '왜 사람은 죽는가' 하는 것이었습니다.

와다 정말 어려운 질문입니다. 저는 답을 찾지 못했어요.

이치로 여기서 제가 가장 연장자이니 머지않아 받아들여야 할 것 같습니다. 좀 더 살고 싶지만요.

나이토 이번 주제가 '자신의 죽음을 받아들인다' 는 것인가요?

선생님 반드시 그렇지는 않습니다. 타자의 죽음도 포함합니다.

여하튼 가까운 사람의 죽음은 자신의 죽음 이상으로 받아들이기 쉽지 않으니까요. 예컨대 자식의 죽음 같은 거요. 그렇다면 자신의 죽음과 타자의 죽음을 의식하면서 생각해 볼까요?

모리시타 어떤 형태로 죽음이 찾아오는지에 따라서도 달라질 것 같습니다. 어느 정도 마음의 준비를 하고 있을 때와 돌연 찾아왔을 때는 경우가 전혀 다르잖아요.

선생님 그렇지요. 죽음이 찾아오는 방법으로 생각해 보지요.

톰 가장 일반적인 죽음의 형태는 수명일 거예요.

마를린 타자의 경우는 잘 알겠어요. 평균수명이라는 것도 있고 어쩔 수 없다고도 생각합니다. 그러나 자신이 그렇게 되었을 때도 마찬가지로 포기 같은 것이 될지는…….

이치로 앞에서 알겠다고 말한 것은 바로 그 점입니다. 저도 젊은 시절에는 상상도 하지 못했는데 나이를 먹으니 이제 머리로 이해할 수 있습니다.

나이토 저는 17살이지만 머리로는 이해해요. 그런데 받아들이기가 어려워요. 왜일까요?

선생님 역시 그 만큼 실제로 인생을 살아보지 않으면 머리로는 이해했어도 그 이상은 할 수 없군요. 산다는 것은 꽤 고단한 일이고 '이쯤에서 끝나도 되지 않을까'는 생각도 들지 않나요? 그야말로 칸트의 마지막 유언이 그렇습니다. '이제 이것으로 됐다'고요.

와다 상당히 충실하게 인생을 살아온 사람이 아니고서는 할 수 없는 말입니다. 보통은 미련이 남지 않을까요. 미처 하지 못한 일들도 많을 테고요.

모리시타 그러나 인생 경험이 짧아도 죽음을 받아들이는 경우는 있을 거예요. 그 경우는 미처 하지 못한 일들이 많아도 깨달음이 있었을 거예요.

선생님 그것을 머리로 이해한다는 것이죠.

모리시타 그렇지 않다면 예컨대 의사로부터 앞으로 남은 날이 얼마 남지 않았다는 말을 들었을 때, 모두 당황하여 어찌 할 바를 모를 테지요.

톰 분명 죽음을 선고받은 사람은 죽음을 받아들인 듯이 보입니다. 사실이 어떠한지 모르지만요.

선생님 정신과 의사 엘리자베스 퀴블러 로스가 말한 '죽음을 수용하는 과정'이라는 것이 있습니다. 그것에 의하면, 부인 → 분노 → 타협 → 우울 → 수용이라는 과정을 거친다고 합니다. 결국 처음에는 누구나 당황하지만 결국에는 받아들이는 것이죠.

마를린 어째서요?

선생님 그렇지 않다면 남은 생을 허비하며 보내야 하기 때문입니다. 「버킷 리스트-죽기 전에 꼭 하고 싶은 것들」이라는 영화가 그것을 잘 그리고 있습니다. 생이 얼마 남지 않았다는 사실을 받아들인 주인공들이 자신들이 하고 싶었던 일들을 전부 하면서 죽어갑니다. 그 몇 개월이 인생에서 가장 즐거웠다는 말을 남기고서요.

모리시타 왠지 슬프네요. 긴 인생은 살았을 텐데 마지막 몇 개월이 최고였다니요.

톰 그런 관점에서 보면, 자살은 정말로 안타까운 이야기가 아닐 수 없습니다. 소중한 시간을 스스로 지워버리는 꼴이니까요.

죽음이란 무엇인가?

나이토 자살의 경우에는 알겠어요. 저도 몇 번인가 죽음을 생각한 적이 있거든요. 이 세상을 살아가는 것이 너무 힘들어서 죽음을 선택했겠지요. 그것은 오히려 죽음을 선택하는 것이 힘겹게 살아가는 것보다 장벽이 낮기 때문일 것입니다.

선생님 자살에 이르는 과정이 문제이지만, 당연히 그런 형태의 죽음을 받아들일 수 있다는 말씀이군요.

와다 그러나 타인의 경우는 이야기가 다릅니다. 타인이 자살했을 때는 도저히 받아들일 수 없습니다. 죽을 필요까지 있었는지 의문을 갖게 됩니다.

이치로 도저히 받아들일 수 없는 뜻밖의 죽음이지요. 갑자기 찾아온 타인의 죽음은 사실 견디기 어렵습니다. 자신은 괜찮아요, 어떤 의문도 떠올릴 수 없으니까요. 그런데 타인의 죽음은 '어째서?'라고 의문을 가지게 합니다.

모리시타 신을 원망하는 수밖에 없지요.

나이토 원망한들 무슨 소용이 있겠어요.

선생님 그 터무니없는 일을 어떻게 받아들이는가 그것이 가장 어려운 일일 것입니다.

마를린 죽음이란 무엇일까요?

선생님 그것에 대해 생각해 보지요. 죽음이란 무엇일까요?

톰 인생의 끝이죠. 하물며 결코 피할 수 없습니다.

나이토 또 한 가지 말하면, 언제 찾아올지 알 수 없는 끝입니다.

마를린 그래서 두렵고, 이해하기 어려워요.

선생님 그 의미에서 죽음이라는 것은 삶에 동반되는 큰 불안이라고 말할 수 있습니다. 그런 관점에서 보면 빛이 보이는 것도 같습니다. 결국 불안을 불식시킬 가능성이 있는 것이지요.

톰 일반적으로는, 이치를 알면 불안은 사라집니다.

선생님 그렇습니다. 죽음을 이해하면 되는 되지요.

모리시타 학문적으로 말이지요?

선생님 종교나 철학도 포함하여 학문적으로요.

톰 생물학적으로는 설명이 됩니다. 인간도 생물이니까요.

와다 종교로는 대개 사후의 세계가 있다고 생각하지요. 그것도 죽음을 이해하는 방법이지요?

선생님 그렇습니다.

인간이란 죽음을 향하는 존재

나이토 그렇게 죽음을 이해했다면 어차피 죽을 것이라며 잔뜩 정색을 하며 살아가야 한다는 말인가요? 언제 죽어도 좋으니까요?

선생님 그렇게 생각하지는 않습니다. 오히려 반대로 죽음을 피할 수 없기에 괜히 두려워하며 살아가는 게 아니라 매일을 충실하게 보내야 한다고 말하고 싶습니다.

톰 '어차피' 죽을 거라고 생각할 게 아니라 '언제인가' 죽을 거니 그때까지 열심히 살아가자는 말씀이군요.

선생님 그렇습니다. 하이데거Martin Heidegger*가 바로 그 이야기를 합니다. 하이데거는 유한한 시간을 의식함으로써 비로소 인간은 본래적인 삶을 살아갈 수 있다고 말합니다. 결국 그것은 죽음을 의식하고 살아간다는 의미입니다.

마르틴 하이데거(Martin Heidegger, 1889~1976년) | 독일의 철학자. 후설의 현상학에 영향을 받고 존재한다는 것은 어떤 것인지를 처음으로 본격적으로 탐구하였다. 본래 자기를 잃어버린 인간은 무엇으로도 대체할 수 없는 '죽음으로 향하는 존재'라는 것을 자각해야 한다고 주장했다. 그런 인간을 '현존재'라고 부르고, 보통 사람과 구별했다. 나치를 도와 프랑크푸르트 대학교 총장에 취임했던 일로 인해 세계대전이 끝난 뒤 대학교에서 쫓겨났다. 저서로 『존재와 시간』, 『휴머니즘에 대하여』, 『형이상학 입문』 등이 있다.

인간이 '죽음으로 향하는 존재'라는 것을 긍정적으로 받아들이는 것입니다.

모리시타 이상한 사람이네요. 죽음을 긍정하다니요.

선생님 하지만 주안점은 거기에 있지 않습니다. 어디까지나 '열심히 살자'고 말하려는 것입니다.

와다 죽음을 피하기만 해서는 언제까지고 진정한 인생을 보낼 수 없다는 것이군요. 앞에서 나온 영화 '버킷 리스트'의 주인공이 여생이 얼마 남지 않았다는 것을 안 이후의 인생이 가장 즐거웠다고 말했던 것도 충분히 이해할 수 있습니다.

모리시타 지금까지 죽음에 대하여 생각하는 것을 은연중에 피해왔는데, 그 생각이 잘못된 것 같네요.

선생님 죽음을 생각한다는 것은 어떻게 살 것인가를 생각하는 것입니다. 그리고 생사에 관하여 고려하는 것은 죽음을 받아들이는 데도 도움이 됩니다. 플라톤이 철학은 죽음의 레슨이라고 말했던 것처럼 말입니다.

모리시타 좀 전에 선생님이 '어차피 죽을 테니'라고 생각해서는 안 된다고 말씀하셨지요. 그래도 어차피 죽을 것인데 왜 사람은 태어나는 것일까요? 도저히 알 수가 없습니다.

나이토 그런 건 생각하지 않는 게 좋지 않을까요?

모리시타 어째서요?

나이토 답이 나오지 않으니까요.

모리시타 그것을 생각하는 것이 철학 아닐까요?

선생님 맞습니다. 그래도 생각한 결과, 생각해서는 안 된다는 결론도 있을 수 있습니다. 결국 태어났다는 것이 전제가 되는 셈입니다. 따라서 전제를 묻는다고 해도 어찌해 볼 방도가 없습니다. 태어났다는 전제 아래 어떻게 살아가는가가 문제인 거지요.

톰 그렇군요. 태어난 것의 의미를 물어도 '어차피 죽는다'는 결론이 되어버려 그것을 전제로 하면 그 같은 의문이 생길 여지는 없어진다는 것이네요, 이론상으로는.

선생님 이론상으로 그치는 것은 아닙니다. 그렇게 생각하면 답 없는 물음에 고민하다 정신적인 문제를 초래하기도 합니다.

나이토 그렇군요. 저는 경험이 있지만, 어차피 죽는다고 생각하면 모든 것이 어처구니없는 일이 되어 버립니다. 그래서 인생이 싫어지고 말지요.

마릴린 그래도 계속하여 생각하고 싶은 사람은 어찌하면 좋을까요?

선생님 그야 계속 생각하면 되겠지요.

어차피 죽지만 산다

모리시타 어렵네요. 여러 가지 일들을 이뤄도 죽습니다. 무無입니다. 태어난 것을 기뻐하고 마음껏 먹고 성장하여 어렵게

대학에 가고, 일하고. 그래도 결국 재가 됩니다. 저로서는 모르겠습니다.

톰 그럼 모리시타 군은 왜 사는 거죠?

모리시타 그야 죽는 게 무서우니까요.

선생님 그것도 사는 이유라고 생각합니다. 죽음이 두려워서 산다. 좋지 않습니까? 그것으로 살 수 있다면 말입니다. 그렇게 생각하지 않으세요?

모리시타 좋은 쪽으로 생각하려고 하고는 있어요.

마를린 저는 태어난 의미를 이렇게 생각합니다. 언제인가는 죽을지도 모르지만, 이 세상에 태어났다는 것은 좋은 경험이라고요. 따라서 행운이라고 생각합니다. 복권에 당첨된 기분이랄까요.

선생님 그것은 생명을 소중히 생각하는 것 같지만 오히려 무겁지 않게 살아가기 위한 방법처럼 보이는군요.

마를린 그렇게 깊이는 생각하지 않지만, 긍정적인 사고라고 여깁니다. 어차피 죽는데 왜 태어났는지 같은 것을 생각하면 나이토 군이 말한 것처럼 모든 게 허무해지잖아요. 아무리 노력해도 결국 사라져버리잖아요? 그래도 그 과정을 즐기는 것이 행운이라고 생각하면 사라져도 아무렇지 않을 것 같아요. 좀 더 힘내어 지금 이 순간을 즐기면 되는 거니까요.

톰 좋은 생각이군요. 하지만 좀 찰나적인 느낌이 들기도 하지만요. 지금만 좋으면 된다는 것은요. 우리는 사라져도 그 살았던 증거나 사회적 영향을 남기니까요. 자손을 남길지도 모르고요.

모리시타 저도 마를린 씨의 생각에 찬성하지만, 지금 톰 씨가 말한 남기는 것에 대해서도 책임을 가져야 한다는 생각에도 찬성합니다.

마를린 저도 자신이 즐겁다고 해서 세상을 엉망으로 만들고 떠나갈 생각은 없어요.

이치로 저는 죽음을 맞이할 때의 모습에 흥미가 있습니다. 무사는 죽을 때 깔끔하지요. 버둥거리는 모습은 왠지 볼썽사납습니다.

톰 죽을 때의 모습이라는 것은 그야말로 죽음을 받아들일 수 있는지와 연관되어 있습니다.

마를린 각오죠. 그리고 그 각오는 어떻게 살아가는가에 따라서 생깁니다.

선생님 소크라테스* 는 그것을 실천한 사람입니다. 젊은 사람을

소크라테스(기원전 469년경~399년) | 고대 그리스의 철학자. 소피스트라고 불리는 궤변가들에게 연이어 질문을 던지고 모르는 것에 겸허해져야 한다는 의미의 '무지의 지'를 일깨웠다. 진리를 탐구하는 이 물음은 '문답법'이라고 부르고 그 이후 철학의 기본 스타일이 되었다. '철학(필라소피)'이라는 말은 소크라테스가 만든 지(知)를 사랑한다는 의미의 '애지(愛知, 필로소피)에서 유래했다. 저서는 남기지 않았지만 그 사상은 플라톤의 『소크라테스의 변명』 등으로 알 수 있다.

현혹시킨다는 죄로 사형선고를 받았습니다. 도망치려고 했다면 얼마든지 도망갈 수 있었습니다. 그러나 그는 도망치지 않았습니다. 오히려 당당히 죽음을 받아들였습니다.

마를린 선하게 살았기 때문에 가능했던 일이겠지요. 저도 그러고 싶습니다. 죽고 싶지는 않지만요.

선생님 멋진 태도입니다. 프랑스 시인 장 라 퐁텐Jean de La Fontaine의 이런 말이 생각나는군요. '죽음이 현자를 돌연 찾아오는 일은 없다. 현자는 언제라도 떠날 준비가 되어 있는 것이다.' 마를린 씨는 현자입니다. 사는 것에 감사하고 열심히 살아갑니다. 그러나 살았던 것에 책임을 가집니다. 그 마음가짐이 있다면 죽음도 받아들일 수 있을 것 같습니다. 지금 당장은 어려울지 모르지만요. 그럼 이번 주제는 이즈음에서 마무리하겠습니다. 앞으로 여러분이 살아가는 가운데 계속 생각해 보세요. 철학 문제에 끝은 없으니 말입니다.

주제 16

신은 존재하는가?

인간에게 신은 필요한가?

선생님 이번 우리가 나눌 이야기의 주제는 '신은 존재하는가?' 입니다.

나이토 저는 애당초 신이 왜 필요한지 이해되지 않는데요.

선생님 나이토 군은 신은 있다고 생각합니까?

나이토 필요하다고 느낀 적이 없어서 있다고도 생각하지 않습니다. 무신론자예요.

선생님 그렇군요. 그렇다면 거기서부터 생각해 보지요.

톰 역시 인간이 불안정한 존재이기 때문이 아닐까요? 고민을 가진 존재이기 때문에 흔들림 없는 존재를 원하는 것이지요.

선생님 신은 '절대자'라 불리기도 하듯이 흔들림 없는 무한의 존재이기 때문입니다. '위대한 존재'라고 말하기도 합니다.

톰　그것이 신의 본질입니다.

선생님　대개 어느 종교의 신이든 전지전능합니다. 절대적인 힘을 지니고 있습니다. 따라서 의지하고 싶어집니다. 불안한 인간이 살기 위한 버팀목이 됩니다.

나이토　저도 물론 불안하지만 그렇다고 신에게 의지할 마음은 들지 않아요.

선생님　니체*도 그렇게 말합니다. '신은 죽었다'라고 선언했듯이, 신 같은 것은 없어도 강하게 살아가야만 합니다. 유럽인들은 기독교의 노예 도덕에 기대어 왔기 때문에 약하다고 합니다. 그것이 그의 초인 사상입니다.

나이토　종교에 의지하여 산다는 것은 편해요. 뭐든 종교 탓으로 하면 되거든요. 반대로 불우할 때에도 언제인가 구원받을 것이라 믿고 살아가면 마음이 안정되지요. 그래도 비과학적이에요. 모든 일은 종교 탓도 아니고, 구원받지도

프리드리히 니체(Friedrich Nietzsche, 1844~1900년) | 근대 독일의 철학자. 대학에서 고전문헌학을 배우고 20대 중반에 바젤대학교 교수에 취임했다. 그러나 병 때문에 불과 10년 만에 대학을 떠났다. 만년은 저술에 전념. 기독교를 노예 도덕이라 주장하고 '신은 죽었다'고 선언. 같은 일을 반복하는 '영겁회귀'를 '힘으로의 의지'에 의해 긍정하고 강하게 살아갈 것을 주장했다. 이것은 '초인'사상이라고 불린다. 저서로 『비극의 탄생』, 『즐거운 지식』, 『자라투스트라는 이렇게 말했다』 등이 있다.

않습니다. 저는 그런 식으로 자신을 속이며 사는 것이 싫습니다.

마를린 나이토 군도 초인이었군요.

나이토 제 생각을 이해하시겠어요?

선생님 어떤 의미에서는요.

나이토 그래도 신이라는 아이디어가 살아가기 위한 지혜라는 것은 인정합니다. 저처럼 제멋대로 사는 사람들은 그런 존재를 믿지 않는다면 더 함부로 살게 될 거예요. 저희 부모님도 언제인가 죗값을 치를 것이라고 말씀하시는 걸요.

톰 여하튼 세상의 대다수 사람들은 종교를 믿고 신이 있다고 생각하니까요. 일본이 예외라는 것을 잊어서는 안 됩니다.

선생님 일본인이 비록 무종교라고 해도, 알 수 없는 일이 일어났을 때 신이 한 일이라고 믿기도 합니다. 그것은 나이토 군이 말했듯 살아가기 위한 지혜일지도 모르겠습니다. 그렇게 해서 부조리를 받아들이는 것입니다. '주제 15'에서 이야기했던 죽음을 받아들인다는 것도 이 신의 일로 이해하기도 합니다.

모리시타 여하튼 신은 엄청난 힘을 의미합니다.

선생님 그렇습니다. 여기서 다시 좀 전의 이야기로 돌아가 보겠습니다. '신은 있는가' 하는 문제는 '무한은 있는가' 하는 이야기가 됩니다. 그것이 신의 존재 증명입니다.

신의 존재 증명

모리시타 신의 존재 증명?

선생님 예를 들면, 신의 존재론적 증명이라는 것은 비록 그것이 무한이었어도 무언가 존재한다고 생각합니다. 혹은 우주론적 증명이라는 것도 있습니다. 우주는 유한하다고 생각합니다. 그리고 유한이 있다는 것은 그 외부에 반드시 무한이라는 개념이 존재한다고 여깁니다.

이치로 그 말은 무한의 존재라는 것은 현실로서는 존재하지 않는다고 말하는 것 같습니다.

선생님 상상想像의 유산인 것만은 분명합니다.

이치로 그 점이 시시합니다.

마릴린 아, 그래요? 저는 그 정도가 적당한 것 같은데요.

이치로 어째서요?

마릴린 왜냐하면 만일 신이 진짜로 이 세상에 있다면 엄청난 일이 일어날 거예요. 그를 거스를 수 없을 테니까요.

선생님 그렇겠군요. 태평양 전쟁 전에 일본은 천황을 현인신現人神, 살아 있는 신으로 여겼듯이 말입니다.

모리시타 어쩐지 저는 신이 무섭게 느껴지는데, 현인신 때문일까요?

톰　기독교의 신은 대가 없는 사랑을 베푸는 친절한 신이거든요.

나이토　이슬람교의 알라는 분노를 판가름하는 신입니다. 저는 이슬람교에 좀 빠져 있어요.

모리시타 역시 오덕후답네요.

선생님　신이 무서운지 아닌지 그것도 그 종교의 성립에 따릅니다. 또한 개인적으로는 무엇 때문에 신을 믿는가 하는 것으로도 달라집니다. 언제든 벌이 내려질 것이라는 생각아래 신의 존재를 믿으며 자신을 규제하는 사람에게 신은 무서운 존재입니다. 반대로, 약한 자신을 위로하기 위해 종교를 이용하는 사람에게는 친절한 존재일 테지요.

신의 얼굴은 어떤 얼굴?

선생님　그런데 여러분은 신의 얼굴을 상상해 본 적이 있습니까?

와다　저는 부처님 같은 얼굴이 그려져요. 아케익 스마일archaic smile이라고 하죠.

나이토　게다가 잘생겼죠?

와다　이상의 존재이니까요.

마를린　선생님은 어떠세요?

선생님 저는 상상해 본 적이 없습니다. 칸트가 신은 인식하는 것이 불가능하다고 말하는데, 그것처럼 말입니다. 칸트는 '물자체物自體'라고 해서 인간에게는 인식할 수 없는 것이 있다고 말합니다. 거기에 신도 들어갑니다.

나이토 신의 얼굴은 터부죠. 무슬림은 일부러 그리지 않습니다.

선생님 예언자 무함마드의 얼굴조차 그려서는 안 됩니다. 우상 숭배를 금지하기 위해서입니다.

톰 언제인가 그것이 문제가 되었던 적이 있었지요? 유럽에서요.

선생님 무함마드 풍자화 사건을 말하는 거지요? 덴마크의 타블로이드지가 무함마드의 얼굴을 그린 풍자화를 게재했습니다. 하지만 이것은 무슬림들이 보기에는 모독입니다. 표현의 자유와 종교의 자유가 충돌한 것입니다.

모리시타 양쪽 모두 중요하니 어려운 문제입니다. 해결책은 있을까요?

선생님 저의 답은 이렇습니다. 유럽인은 표현의 자유는 있지만 무슬림을 배려하여 일부러 그리지 않습니다. 그러면 유럽인은 그리지 않아 문제가 생기지 않고 그것으로 표현의 자유도 종교의 자유도 확보할 수 있습니다.

이치로 유럽인이 그리지 않는 것은 그릴 수 없다고 읽혀져 미묘하기는 합니다만.

선생님 신의 얼굴에 대한 이야기로 돌아가 보지요. 신의 얼굴을 그리지 않는 것은 우상숭배를 방지할 뿐 아니라, 그리지 않음으로써 절대성을 유지하는데도 바람직한 전략이라고 할 수 있습니다. 절대자의 얼굴이 '이래?'라는 생각이 들면 엄숙함이 손상되니까요.

나이토 신흥 종교에서 '저 아저씨가 교조야?'라고 느껴지면 왠지 은혜로움이 반감되죠.

선생님 하지만 얼굴을 특정하는 것은 존재를 명확히 긍정하는 것이기도 합니다. 잘만 되면 힘을 보여주는 효과가 있을지도 모릅니다. 따라서 이상한 사람을 교주로 만들기도 하지요. 평범하지 않은 사람을요. 하지만 개인적인 생각으로는 상상의 산물쯤으로 보는 게 좋을 것입니다.

와다 그래도 그런 상상의 산물이 원인이 되어, 또 다른 문제가 일어나기도 합니다. 종교의 대립이란 게 그런 거죠?

톰 기독교 대 이슬람교가 큰 문제예요.

선생님 원래는 같은 신인데 말이지요. 유대교를 근간으로 기독교가 생기고, 그것을 흉내 내어 이후에 이슬람교가 생긴 것입니다. 게다가 같은 신을 숭배하고 있어요. 그럼에도 불구하고 자신들의 신이 유일 신이라고 주장하니 충돌하게 되는 거지요.

나이토 알라 외에 신은 없어요?

선생님 코란의 그 문구를 영어로는 'No god but God'이라고 되어 있습니다. 결국 직역하면 대문자 신神, 그것이 알라의 신을 가리키는 것인데, 그 신 이외에 다른 신은 없다는 것입니다. 그러나 대문자의 신은 알라가 아니라도 상관없습니다. 신 중의 신이라도 해석해도 좋지 않을까요. 그러면 어느 종교라도 통하는 말이 되는걸요. 신 중의 신은 모든 종교를 두루 걸친 위대한 신이라고 생각하면 좋지 않을까요.

톰 그것은 싸움을 피하기 위한 지혜입니다.

선생님 여기서의 문제는 인간이 좋을 대로 신을 만들 수 있다는 점입니다. 그러나 신은 절대적인 존재이기에 양보할 수 없습니다. 그러다 보니 대립이 생기는 것입니다. 그것을 피할 방법은 없는지 생각하는 것이 중요합니다.

나이토 이슬람 안에서도 대립이 존재한다고 들었는데요.

선생님 그것도 터무니없는 이야기입니다. 그들에게는 코란의 해석이 모든 것인데, 지금 이슬람 세계는 지구 곳곳에 널리 퍼져 있고 아라비아어를 읽을 수 없는 신자도 많습니다. 그렇다면 코란을 해석해 줄 사람이 필요합니다. 그런데 그것은 누가 해도 좋은 것 같습니다. 그 사람들이 종교적 지도자로서 인터넷을 사용하여 가르침을 들려주는 것입니다. 따라서 인기 해석자가 힘을 가지고 서로 영향력을 경쟁합니다. 그 한 사람이 테러리스트인 오사마 빈라덴이었다고 하니 무서운 이야기이지요.

종교와 철학의 차이

모리시타 저는 신의 이미지가 달라지는 것 자체를 이해할 수 없습니다.

선생님 일례로 서양의 신과 동양의 신을 비교해 보는 것도 좋겠군요. 서양의 신은 무無에서 모든 것을 만들어내는 창조 신입니다. 그것에 대하여, 동양의 신은 성스러운 것, 경외로운 것입니다. 이 차이는 어디서 오는 것일까요?

와다 동양의 경우는 불교든 신도神道든 모든 사물에 신이 깃들어 있고, 자연과의 다툼 속에서 그 신을 분노케 하지 않아야 자연이 맹위를 떨치지 않는다는 발상입니다.

선생님 그렇습니다. 이처럼 처한 상황이 다르면 요구하는 무한의 힘도 달라지는 법입니다. 극단적인 것을 말하면, 사람의 수만큼 아마도 신의 종류가 있다고 생각할 수 있습니다.

나이토 결국 신이란, 인간의 상상의 산물인 셈이네요. 상황에 따라 좋을 대로 말할 수 있지요.

선생님 마르크스가 똑같은 말씀을 하는군요. 그러나 마르크스에 의하면, 종교와 인간의 입장은 뒤바뀝니다.

톰 인간이 신이라는 존재를 만들면서 종교에 지배당했으니까요. 지금도 그럴지 모르지만요.

선생님 마르크스는 '종교는 마약'이라고 말했습니다. 한 번 의지하면 도망칠 수 없다는 의미일 것입니다. 따라서 그것을 이용하여 종교를 제멋대로 조종하는 인간이 나타납니다. 앞에서 말한 일본의 현인신이 그 좋은 예입니다. 제2차 세계대전 전에 일본 군부는 그렇게 천황의 존재를 이용했습니다. 마르크스는 그런 것을 없애기 위해서 공산주의를 주장했습니다. 지배자를 말끔히 없애자고 말하면서요.

마를린 공산주의 같은 정치적 이데올로기가 있다면 종교는 필요없겠죠?

선생님 마르크스는 그렇게 말했지만, 반드시 그렇지는 않습니다. 종교는 살아가는 데 의지가 됩니다. 정치적 이데올로기가 강한 힘을 가지든 말든 상관없이 말입니다. 특히 현대 사회에서는 더욱 어렵지요.

마를린 어째서일까요?

선생님 과거와 달리 정치가 모든 것이 아니니까요. 특히 경제의 힘이 커졌습니다. 어떤 한 가지로 모든 것을 설명하거나 사람을 움직이는 시대는 아니니 말입니다.

톰 그것은 그대로 종교에 적용됩니다. 지금 시대는 종교가 그만큼 큰 힘을 가지지 못하기 때문일지도 몰라요.

이치로 특히 일본에서는요. 혼돈의 시대이기에 종교가 절대적으로 번성하리라는 보장도 없구요.

선생님 간혹 신흥 종교가 번성하기도 했지요. 종교적인 붐도 있었구요.

이치로 하지만 그리 크지 않았어요.

선생님 다들 그것만으로 구원받을 것이라 생각하지 않으니까요. 따라서 자신의 머리로 생각하는 수밖에 없습니다. 그렇게 되면 철학이 번성하게 될지도 모릅니다.

마를린 철학과 종교는 어떻게 다른가요?

선생님 도식적으로 쉽게 말하면, 종교는 '믿는' 것이고 철학은 '의심하는' 것입니다. 따라서 대립하기도 합니다. 중세 말기 유럽을 지배하던 가톨릭교를 타파한 것은 근대 철학입니다. 마지막에는 다소 아전인수 격이 되어버렸지만요. 자, 이번 주제는 이즈음에서 마치겠습니다. 이후 여러분이 살아가는 동안에 각자의 인생에서 계속 생각해 주십시오. 철학 문제에 끝은 없으니까요.

주제 17

인간이란 무엇인가?

마음과 몸을 가진 존재

선생님 우리의 마지막 주제는 '인간이란 무엇인가?' 입니다. 이것은 어떤 의미에서 철학의 최고의 물음일지 모릅니다. 이 답을 알기 위하여 우리는 철학 하는 것일지도 모릅니다.

톰 바꿔 말하면, 이것은 '어떻게 사는가' 하는 문제라고도 말할 수 있겠지요?

선생님 맞습니다. '인간이란 무엇인가' 라는 것은 '어떻게 사는가' 를 묻는 것이기도 합니다. 따라서 철학에서 최고의 물음이라고 할 수 있습니다. 오늘은 다각도로 이 문제에 대하여 생각해 보기로 하지요.

나이토 어디서부터 시작하면 좋을지 모르겠지만, 먼저 몸이에요. 인간은 몸을 가진 존재이니까요.

선생님 중요한 지적입니다. 인간을 말할 때는 마음과 몸의 양쪽을 의미하지요. 여하튼 몸이라면 사지가 있는 이 몸뚱이를 가리킵니다.

모리시타 저는 운동을 하고 있어서 더 그럴지 모르지만, 몸이라는 것은 인간에게 모든 것인 것 같습니다. 왜냐하면 몸이 없으면 과연 인간이라고 할 수 있을까요? 의식만 존재하다니 그건 유령이죠.

이치로 그것은 의식이냐 신체냐 하는 양자택일이 아닙니다. 양쪽 다 똑같이 중요하고 인간에게 없어서는 안 되는 것으로 오히려 '세트'로 생각해야 합니다.

선생님 메를로 퐁티Maurice Merleau Ponty가 그 같은 말을 했습니다. 데카르트René Descartes*는 마음과 몸을 다른 종류의 것으로서 인식하지만, 그것은 아무래도 이상하다고요. 그래서 양자를 같은 것으로 생각했습니다. 저 역시도 그 생각에 찬성합니다. 몸은 마음이 깃들 때에 비로소 의미를 가지

르네 데카르트(René Descartes, 1596~1650년) | 근세 프랑스의 철학자. 유럽 전역을 여행하면서 여행지에서 사색에 잠기는 인생을 보냈다. 의심할 수 없는 것은 자신의 의식뿐이라는 의미의 '나는 생각한다. 그러므로 나는 존재한다(Cogito, ergo sum)'라는 말이 유명하다. 또한 마음과 몸을 별개의 것으로 생각하는 '신체이원론'을 주장했다. 저명한 수학자 · 과학자이기도 하다. 마지막에는 여왕 크리스티나의 청으로 부임한 스웨덴에서 객사했다. 저서로 『방법서설』, 『성찰』, 『정념론』 등이 있다.

는데, 마음도 마찬가지입니다.

나이토 앞으로 온몸이 로봇인 경우도 있을 수 있을 텐데, 그런 경우에는 인간이 아닌가요?

선생님 적어도 뇌는 있는 거죠? 그 뇌가 지배하고 있다면 비록 기계라도 몸으로 생각해야 합니다. 가령 의수도 신체의 일부이듯 말입니다.

마를린 확인하고 싶은데요, 물리적으로 지배할 필요는 없다는 말씀이시죠? 결국 뇌의 명령에 의해서 움직일 필요는 없다는 거죠?

선생님 네. 그 사람의 지배 아래에 있으면 됩니다. 비록 움직일 수 없어도 그것은 그 사람의 몸이죠.

나이토 가발은요?

선생님 가발도 그 사람의 지배 아래에 있는 신체의 일부라고 말할 수 있습니다.

나이토 안경은요?

선생님 안경은 미묘하네요. 그 사람에게는 눈 대신이죠? 시력을 보완하는 눈의 렌즈요? 그렇다면 저는 신체의 일부로 생각해도 좋을 것 같습니다. 그 부분이 한계이지만요.

와다 의식은 어떻습니까? 인간의 의식이란 무엇일까요?

선생님 다른 것과 비교하면 좋겠네요. 동물이나, 로봇, 컴퓨터와 비교해보지요.

모리시타 동물의 의식은 글쎄요. 무엇을 생각하는지 잘 모르겠어요.

인간은 현명한가?

마를린 동물도 의식이 있어요?

선생님 감각은 있지요. 단, 사고한다 해도 인간처럼 고도의 것은 아닙니다. 따라서 가축을 식용으로 해도 좋다고 말하는 사람도 있습니다. 인간과 다르다면서요.

마를린 그래도 정도의 차이겠지요? 가여워요.

선생님 그렇게 생각하는 것이 '동물 윤리'의 발상입니다. 피터 싱어Peter Singer*가 그런 말을 했습니다. 따라서 동물실험 같은 것은 말도 안 되는 일이라고요.

이치로 하지만 역시 차이는 있습니다. 인간은 고도의 사고를 하는 이성적인 존재로 특별합니다. 그것이 인간의 특징입니다.

선생님 그렇다면 이성적으로 사고할 수 없는 아기나 뇌에 장애

피터 싱어(Peter Singer, 1946년~) | 오스트레일리아 출신의 미국 철학자·윤리학자. 공리주의의 입장에서 윤리 문제를 탐구. 인간의 이익을 위해 희생되는 실험동물이나 가축 등, 동물의 권리를 옹호하는 '동물해방론'으로 유명하다. 동물에게도 인간과 같은 고통이나 쾌감을 느끼는 능력이 있기 때문에 그것을 고려해야 한다고 주장한다. 저서로 『동물해방』, 『이렇게 살아가도 괜찮은가』 등이 있다.

가 있는 사람은 어떻게 되는 것일까요? 혼수상태인 사람도 포함해서요.

이치로 그래도 가능성은 있으니까요.

선생님 그렇습니다. 이성적으로 사고할 수 있는 존재라는 게 중요합니다. 인간을 학명으로 호모 사피엔스라고 말하는데, 이것은 '현명한 사람'이라는 의미입니다. 파스칼은 '인간은 생각하는 갈대'라고 말했습니다.

나이토 윤리 교과서에는 그 외에도 호모 뭐라고 하는 말들이 많이 나왔어요.

선생님 호모 레리기오스Homo Religious, 종교적 인간, 호모 심볼리쿠스Homo Symbolicus, 상징적 인간, 호모 루덴스Homo Ludens, 놀이하는 인간, 호모 파베르Homo faber, 만드는 인간……. 모두 인간의 특징을 나타냅니다. 이것들도 확인해 볼까요? 인간이 무엇인지를 잘 보여주고 있으니까요. 이 중에서 알고 있는 말이 있습니까?

마를린 잘은 모르겠지만, 호모 레리기오스는 어쩌면 종교와 관련이 있을 것 같아요.

선생님 정답입니다. '믿는 사람'입니다. 인간만이 종교를 믿는다는 의미입니다.

마를린 인간이란 놀랍군요. 그렇게 자신의 불완전한 부분을 상상으로 보완하려고 하다니요. 그것도 결국 이성이 아닌가요?

선생님 넓은 의미에서는 그럴지도 모릅니다.

나이토 저는 호모 루덴스를 알고 있습니다. '놀이하는 사람'이죠? 이 말을 알았을 때 얼마나 안도감이 들던지, 그래서 똑똑히 기억합니다. 놀이한다는 게 인간의 본질이었다니요.

선생님 놀이한다고 해도 그저 어린아이처럼 장난치며 논다는 의미는 아닙니다. 창의적으로 궁리한다는 의미이죠. 그 창의하고 궁리하는 가운데 인간 나름대로 무한의 가능성이 나타나는 것입니다. 호모 파베르도 비슷합니다. 이것은 '만드는 사람'이라는 의미입니다.

톰 확실히 인간은 창의하고 궁리할 때에 가장 눈이 빛나니까요. 가장 인간다워지는 순간일지 모릅니다.

모리시타 호모 심볼리쿠스는 무엇인가요?

선생님 '기호를 다루는 사람'입니다. 인간만이 기호를 다루고 있다는 뜻이지요.

톰 듣고 있자니 전부 두뇌의 명석함과 관계가 있군요. 역시 고도의 사고가 인간의 특징이라고 말하는 게 아닐까요?

인간만이 같은 종족을 죽인다

선생님 그렇군요. 그래도 그런 이성적인 존재인 인간이 같은 종족을 살해합니다. 전쟁이라는 어리석은 형태로요. 이 모순을 어떻게 이해하면 좋을까요?

이치로 그것도 분명 인간의 한 측면입니다. 따라서 인간이라는 것은 모순 투성이 존재가 아닐까요?

와다 저도 인간에게 모순을 느낍니다. 좋아하면서도 뿌리치거나 사랑하면서도 살해하죠. 본래 희로애락이 혼재하고 있는 거지요.

모리시타 그것이 동시에 있으면 이상하지만 잘 분간하여 사용하기에 모순이라고는 말할 수 없습니다. 따라서 사람을 죽이면 안 된다는 것을 알지만 경우에 따라서는 계산을 근거로 전쟁을 합니다.

와다 그러고선 전쟁으로 고민하죠? 그것이 모순이에요.

선생님 그 갈등 속에서 살아가는 것은 분명합니다. 그래도 앞으로 나아가려고 하죠.

나이토 '주제 16'에서 종교에 대하여 이야기했을 때 나왔던 불안정한 존재입니다. 그래서 잘못을 저지르는 거지요. 결국엔 전쟁도 잘못이었다고 깨닫습니다. 그 전쟁은 옳았다고 말하지만, 역사를 움직였다고 해도 인간의 존엄이라는 관점에서 모든 전쟁은 잘못이니까요.

이치로 불안정하다고 말할 것까지도 없이 그저 단순히 동물이라고 말하면 안 될까요? 단지 다른 동물보다 조금 똑똑하다는 차이는 있지만요.

선생님 그 똑똑한 부분이 단순한 영역 다툼을 넘어 전쟁으로까지 이어집니다.

이치로 네. 똑똑하다는 것은 양날의 칼입니다.

마를린 똑똑한데다 여러 가지를 분별해 사용하는 것도 문제인 것 같아요. 이것도 인간만 그렇지요?

선생님 '인격'이라는 것을 말하는 것입니까?

마를린 네. 복수의 인격을 장소에 따라서 구분하여 사용하지요? 그것은 좋은 일일까요? 이중인격은 그렇다고 치더라고요.

선생님 인격을 '페르소나'라고 말합니다. '가면'이라는 의미인데, 가면을 쓴 것처럼 구분해서 사용합니다. 가정에서는 남편이나 부모라는 가면을 쓰고, 직장에서는 부하나 상사의 가면을, 학교에서는 교사의 가면을 쓰는 식으로 무엇이든 될 수 있습니다.

마를린 어느 것이 진정한 자신일까요?

선생님 모든 것이 다 진짜일 것입니다.

마를린 저는 집에 있을 때의 자신이 진짜고, 밖에서는 연기하려고 하는데 생각처럼 제어가 안 될 때가 있어요. 너무 몰입했다고 할까요.

선생님 그럴 적이 있습니다. 누구든 밖에서는 주어진 역할을 연기합니다. 그런데 그것이 지나치면 더 이상 연기가 아닙니다. 그것이 이미 진정한 자신이 되어버렸다고 말해도 되지 않을까요.

톰 인간이란 불확실한 존재입니다. 연기할 작정이라도 어느 사이엔가 그 인격이 되어버리니까요.

철학은 인간을 위해 있다

선생님 과거에 데카르트는 '나는 생각한다. 그러므로 나는 존재한다'고 말했습니다. 이것은 자신의 의식만은 결코 의심할 수 없다는 의미입니다. 그러나 그것은 거짓입니다. 프로이트Sigmund Freud*가 증명했듯이 우리에게는 무의식 상태라는 것이 있습니다. 앞에서 언급했던 예도 있듯이 연기할 때 지나치게 몰입하면 제어할 수 없게 되니까요.

와다 인간이라는 것은 매우 섬세한 존재입니다. 따라서 곧 정신이 병듭니다. 일본에서는 우울병을 '국민병'이라고 할 정도예요.

나이토 특히 자살하는 사람이 1년 동안에 3만 명이나 있으니까요. 너무 섬세해요.

지그문트 프로이트(Sigmund Freud, 1856~1939년) | 정신분석학의 아버지. 임상과 연구를 하는 가운데 정신분석학을 낳았다. 유소년기의 경험에 착안한 '유아성애론'으로 유명하다. 어머니를 둘러싸고 아버지의 위엄 앞에 정신을 억압당한다는 '오이디푸스 콤플렉스 개념'은 자아형성에 있어 다양한 문제에 대한 설득력이 있는 해석을 가져왔다. 사상적으로도 인간의 무의식 부분을 처음으로 본격적으로 해명하여 데카르트 이후 의식 중심의 철학 조류에 큰 의문을 던졌다. 저서로 『꿈의 해석』, 『정신분석입문』 등이 있다.

선생님 자살한다는 것도 인간의 특징입니다. 같은 종족끼리 죽이는 것에 그치지 않고 스스로의 목숨을 끊다니요. 이상하다고 생각하지 않으세요?

나이토 기분은 알 것 같아요. 그래도 일반적으로 말해 분명 이상해요. 그런 메커니즘이 있다는 것이요.

모리시타 어째서 신은 그런 설계를 한 것일까요?

나이토 기계로 말하면 자동 소멸 장치예요. 폭발하기 전에 기능이 정지하도록 만든 것이지요.

톰 지나치게 생각하는 것도 좋지 않아요.

선생님 인간은 미숙한 존재이기 때문에 때로 생각한 결과가 옳지 않은 방향으로 나아가기도 합니다. 그때는 누군가가 손을 내밀어 도와줄 필요가 있습니다.

와다 미숙이라면 지배도 그렇습니다. 인간은 완벽하게 타인을 지배할 수 없잖아요.

이치로 실패한다는 말씀인가요?

와다 네. 왜냐하면 지금까지의 역사에서 완벽하게 지배가 성립된 예는 없었습니다. 어쩌면 지금도 그런 상태가 이어지고 있으니 좋은 본보기가 아닐까요.

선생님 정치는 인간의 특징 중 하나지만, 그 방식에 대해서는 늘 끊임없이 추구하고 있습니다. 정치학이나 정치철학이라는 학문의 존재가 그 증거입니다.

톰 그러나 인간은, 독재가 가장 효율적이지만 가장 효율이 나쁜 민주주의를 채용하고 있지요. 모두의 의견이 반영되기에 좋습니다. 바로 그것이 인간을 미워할 수 없는 점입니다.

모리시타 이상을 추구하는 생물은 어떤가요?

선생님 그것도 인간의 특징입니다. 희망을 품는다고 말해도 좋겠습니다.

톰 이렇게 철학하고 기뻐하는 것이 인간이라니, 영원히 사고할 수 있다는 생각에 감동적이기까지 합니다.

선생님 미숙하고, 미완성이고, 모순으로 가득한 존재임에도 불구하고 이성을 구사하여 이상을 추구하고 희망을 버리지 않습니다. 아무래도 그것이 인간이겠지요. 그런 본질을 가진 인간에게 철학이라는 학문은 안성맞춤입니다. 인간이 철학을 계속하는 한 아무리 세계가 황폐해져도 결코 희망의 등불은 꺼지지 않을 것입니다. 여러분과 '철학 카페'에서 이렇듯 논쟁을 벌이면서 그런 확신이 들었습니다. 진심으로 감사합니다. 그럼, 이 책은 이즈음에서 마치도록 하겠습니다. 이후 여러분이 각자의 인생을 살아가는 가운데 계속하여 생각해 주시길 바랍니다. 철학 물음에 끝은 없으니까 말입니다.

'철학 카페'를 권한다

저자 오가와 히토시

읽는 '철학 카페'는 어떠셨습니까? 혹시 참가자가 된 듯 무심코 의견을 말한 분도 계시지 않을까요? 무엇을 숨기겠습니까, 나 자신도 이 책을 쓰면서 몇 번이고 불쑥 참견했습니다.

무심코 열띤 대화가 떠올라 흥분한 채로 말이 튀어나왔습니다. 철학한다는 것은 머리를 사용하는 동시에 그 머리에 떠오른 것을 말로 하는 것이기도 합니다.

철학을 상징하는 '로고스'라는 그리스어는 논리나 이성 외에 '언어'라는 의미도 있습니다. 철학 카페가 좋은 것은 사고를 말로 하고 타인에게 이해를 구할 수 있다는 점입니다.

거기에는 여러 가지 이점이 있습니다. 머릿속이 정리되고, 프레젠테이션이 잘 되고, 커뮤니케이션 능력이 향상되는 등등. 그 중에서 가장 중요한 것은 사람과 이어진다는 것이 아닐까요.

지금 세상은 더욱 인간관계가 각박해지고 있습니다. 인터넷이 융성한 시대이기에 만나지 않고도 얼마든지 이어질 수 있습니다. 이것은 물리적인 장벽을 극복한다는 의미에서 매우 멋진 일입니다. 평소 만나지 못한 사람과 커뮤니케이션을 할 수 있고, 시간의 제약 없이 이어질 수 있기 때문입니다.

그러나 다른 한편으로 사람은 얼굴을 맞대고 이어진다는 관계의 중요성을 잃어가고 있습니다. 직접 얼굴을 맞대고 사람과 이어진다는 것은 육체를 가지고 온기를 가진 인간에게 매우 중요한 일입니다. 따라서 우리는 아무리 메일이나 전화로 끝낼 수 있는 일이라도 한 번은 만나려고 합니다. 그것은 그 사람과 공기를 공유한다는, 인터넷에서는 절대 실현할 수 없는 기적을 가능하게 하기 때문입니다.

'철학 카페'도 인터넷을 통해서 개최할 수 있습니다. 그래도 나는 얼굴을 맞대고 함께 만나기를 고집합니다. 거기서 서로 온기를 가진 인간이라는 것을 느끼려고 합니다. 그리고 그 감각은 인간에 대하여 생각할 때, 틀림없이 우리의 사고에 영향을 미칠 것입니다.

예컨대 눈앞에서 앉아 함께 이야기를 나눴던 사람을 죽이는 일은 생각도 하지 않을 것입니다. 그렇다면 온 세상의 사람들이 모두 대화를 나눌 기회를 가질 수 있다면 전쟁이나 분쟁도 줄지 않을까요. 지금까지 많은 '철학 카페'를 개최하고 나는 진심으로 그 가능성을 느꼈습니다.

여러분 주위에서도 '철학 카페'를 시작해 보는 것이 어떻습니까? 어쩌면 인생이나 세계를 바꿀 놀라운 대화가 당신의 마음에서 전해져 올지 모르겠습니다.

나는 지금 미국의 프린스턴대학교에서 정치철학을 연구하고 있습니다. 구체적으로는 전 세계의 사람이 공유할 수 있는 '덕德'을 어떻게 키워야 할 것인가 하는 조건을 연구하고 있습니다. 기이하게도 이 책에 등장하는 피터 싱어의 방을 연구실로 사용하고 있습니다.

돌아보면 이 책을 집필하는 데 많은 분들이 도와주셨습니다. 무엇보다 집필할 기회를 주시고 구상 단계부터 완성에 이르기까지 끈기 있게 지지해 주신 쇼덴샤 황금문고 편집부의 이이지마 히데오 씨에게는 이 자리를 빌려 감사의 인사를 올립니다.

또한 매회 '철학 카페'를 북돋아 준 동료이자 친구인 구니시게 도오루 선생님(도쿠야마 공업고등전문학교)을 비롯하여 참가해 주신 여러분에게 감사의 인사를 드립니다.

출퇴근 15분 철학

지음 오가와 히토시(小川仁志)
옮김 박재현

1판 1쇄 인쇄 2017년 10월 16일
1판 1쇄 발행 2017년 10월 25일

펴낸이 신난향
편집위원 박영배
펴낸곳 (주)맥스교육(맥스미디어)
출판등록 011년 08월 17일(제321-2011-000157호)
주소 서울특별시 서초구 논현로 83 삼호물산빌딩 A동 4층
전화 02-589-5077(편집) 02-589-5142(영업 · 마케팅)
팩스 02-589-5088
홈페이지 www.maksmedia.co.kr 블로그 blog.naver.com/maksmedia

기획·편집 이명준
디자인 유지현
영업·마케팅 김용환
경영지원 장주열
인쇄 천일문화사

ISBN 979-11-5571-535-2 03100
정가 13,000원

* 이 도서의 국립중앙도서관 출판시도서목록(CIP)은 e-CIP홈페이지(http://www.nl.go.kr/ecip)와 국가자료공동목록시스템(http://www.nl.go.kr/kolisnet)에서 이용하실 수 있습니다.